新・歴史人物伝

豊臣秀吉

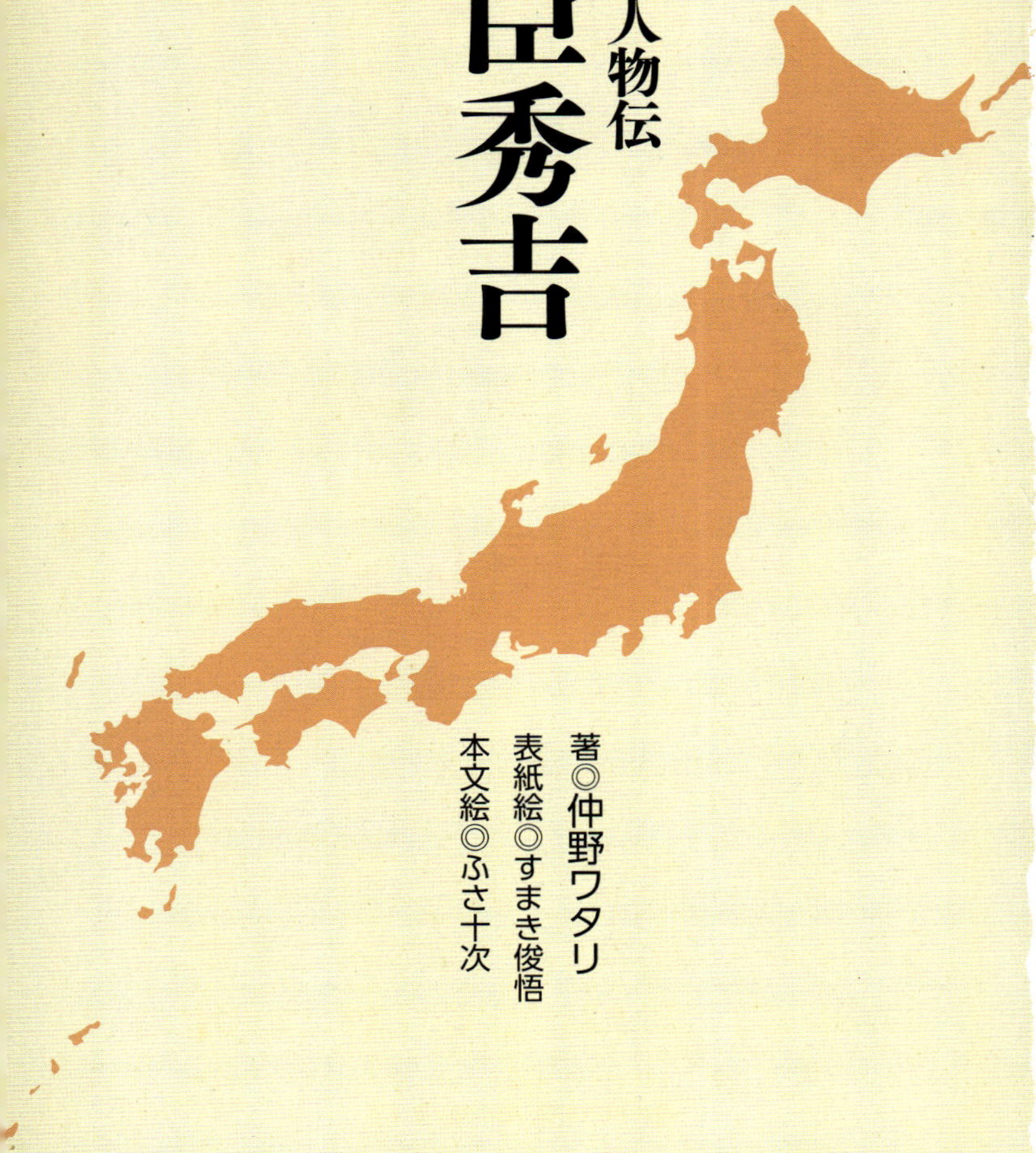

著◎仲野ワタリ
表紙絵◎すまき俊悟
本文絵◎ふさ十次

信長の命を受け、藤吉郎が
砦を築いてる墨俣の地。
ＣＧイラスト 成瀬京司

藤吉郎《とうきちろう》の号令《ごうれい》に、二千《せん》の男《おとこ》たちは川沿《かわぞ》いの山《やま》から木材《もくざい》を切《き》り出《だ》した。
切《き》られた木《き》はすぐに枝《えだ》がはらわれ、丸太《まるた》となって斜面《しゃめん》をすべり落《お》ちて河原《かわら》に出《で》た。
丸太《まるた》はすぐにのこぎりでひかれ、柵《さく》や矢倉《やぐら》の長《なが》さに調節《ちょうせつ》された。
そして太《ふと》い縄《なわ》で組《く》まれ、次々《つぎつぎ》に墨俣《すのまた》へと川《かわ》を下《くだ》っていった。
稲葉山城《いなばやまじょう》の斎藤方《さいとうがた》は、その動《うご》きをまったく感知《かんち》できなかった。

本文56ページより

日本中《にほんじゅう》の豊臣秀吉《とよとみひでよし》を訪《たず》ねよう!!

青森県《あおもりけん》 豊臣秀吉木像《とよとみひでよしもくぞう》

元《もと》は弘前城《ひろさきじょう》に館神《たてがみ》として徳川家《とくがわけ》に隠《かく》れてひそかにまつられていた秀吉《ひでよし》の座《ざ》像《ぞう》。現在《げんざい》は弘前藩主《ひろさきはんしゅ》・津《つ》軽氏《がるし》の菩提寺《ぼだいじ》だった革秀《かくしゅう》寺《じ》に安置《あんち》されている。

佐賀県《さがけん》 名護屋城跡《なごやじょうせき》

文禄《ぶんろく》・慶長《けいちょう》の役《えき》の時《とき》に前線基地《ぜんせんきち》として築《きず》かれた城《しろ》。大阪城《おおさかじょう》に次《つ》ぐ大規模《だいきぼ》な城《しろ》だったが、島原《しまばら》の乱《らん》の後《あと》に壊《こわ》された。

大阪府《おおさかふ》 大阪城《おおさかじょう》※注

石山本願寺《いしやまほんがんじ》の跡《あと》に秀吉《ひでよし》が築《きず》き、本拠地《ほんきょち》にした城《しろ》。大阪夏《おおさかなつ》の陣《じん》の後《あと》、徳川幕府《とくがわばくふ》によって建《た》て直《なお》されたので、現在《げんざい》の大阪城《おおさかじょう》は秀吉《ひでよし》の築《きず》いたものとは違《ちが》っている。

神奈川県《かながわけん》 石垣山一夜城跡《いしがきやまいちやじょうせき》

北条氏《ほうじょうし》を征伐《せいばつ》した時《とき》に築《きず》いた城《しろ》。小田《おだ》原城《わらじょう》から見《み》えないように工事《こうじ》を進《すす》め、完成後《かんせいご》に周囲《しゅうい》の木《き》を切《き》り、一夜《いちや》で城《しろ》ができたように見《み》せて北条軍《ほうじょうぐん》を驚《おどろ》かせた。

兵庫県《ひょうごけん》 有馬温泉《ありまおんせん》

秀吉《ひでよし》が合戦《かっせん》や任官《にんかん》、家族《かぞく》の他界《たかい》などがあるたびに訪《おとず》れた温泉地《おんせんち》。9回《かい》も訪《おとず》れ、大地震《だいじしん》で被害《ひがい》を受《う》けた源泉《げんせん》の改修工事《かいしゅうこうじ》も行《おこな》っている。

※注：大阪の地名は、築城当時は「大坂」でしたが明治以降「大阪」と書かれるようになりました。ここでは史跡を紹介しているので「大阪」と表記します。

新・歴史人物伝

『豊臣秀吉』

もくじ

1 武士《ぶし》になりたい

ざわざわとした殺気《さっき》が海《うみ》から吹《ふ》く風《かぜ》とともに丘《おか》にせりあがってきて、茂《しげ》みのなかに身《み》をかくしている藤吉郎《とうきちろう》の肌《はだ》をなでた。

丘《おか》を下《くだ》った先《さき》に見《み》える村木砦《むらきとりで》では、いままさにそれを取《と》り囲《かこ》む織田軍《おだぐん》と砦《とりで》にこもる今川《いまがわ》軍《ぐん》との間《あいだ》で、戦《たたか》いの火《ひ》ぶたがきられようとしていた。

——やれやれ。まさか、針《はり》の行商《ぎょうしょう》に来《き》て尾張《おわり》のうつけの戦《いくさ》を見《み》ることになるとは。

藤吉郎《とうきちろう》は運命《うんめい》のようなものを感《かん》じながら、ついさっきあったことを思《おも》い出《だ》していた。

昨晩《さくばん》は、宿代《やどだい》が惜《お》しくて村《むら》はずれの社《やしろ》を寝床《ねどこ》にした。行商《ぎょうしょう》に出《で》ている間《あいだ》はよくあることだった。

すると、朝《あさ》になって、甲冑姿《かっちゅうすがた》の兵《へい》たちがどやどやと境内《けいだい》に入《はい》ってきた。

なにごとかとびっくりして飛《と》び起《お》きた藤吉郎《とうきちろう》に、自分《じぶん》と同《おな》じ年頃《としごろ》の若《わか》い武者《むしゃ》が「ここを本陣《ほんじん》といたす」と告《つ》げた。

「ほ、本陣《ほんじん》？」

一気《いっき》に眠気《ねむけ》がさめた藤吉郎《とうきちろう》に若武者《わかむしゃ》は言《い》った。

「織田信長様《おだのぶながさま》の本陣《ほんじん》じゃ。われらはこれより村木砦《むらきとりで》を攻《せ》め落《お》とす。うぬは見《み》たところ旅《たび》の商人《しょうにん》のようだが、よもや今川方《いまがわがた》の者《もの》ではあるまいな」

「めめめ、めっそうもない！」

藤吉郎《とうきちろう》はどきっとして首《くび》を横《よこ》にふった。

「ただの針売《はりう》りの行商人《ぎょうしょうにん》でございます。出身《しゅっしん》は尾張中村《おわりなかむら》です」

うそではない。しかし、言《い》っていないこともあった。つい最近《さいきん》まで、自分《じぶん》は駿河《するが》・今川《いまがわ》家《け》の家臣《かしん》である松下長則《まつしたながのり》、之綱親子《ゆきつなおやこ》の家来《けらい》であったのだ。そんなことを口《くち》にしようものなら、この場《ば》で首《くび》が飛《と》びかねなかった。

「尾張《おわり》の者《もの》であったか。さあ、戦《いくさ》に巻《ま》き込《こ》まれたくなければさっさとここを出《で》ていくことだ」

若武者《わかむしゃ》は言《い》った。

「ここを出《で》て、どこへ行《い》けばいいのでしょうか」

「知《し》らぬ。戦《いくさ》が見《み》たければそのへんで眺《なが》めておればよい。兵《へい》たちにあやしまれたら、わしの名《な》を告《つ》げるといいだろう。わしは前田又左衛門利家《まえだまたざえもんとしいえ》」

「前田又左衛門様《まえだまたざえもんさま》……ひょっとして織田家中《おだかちゅう》に知《し》られる槍《やり》の又左《またざ》とはあなたさまのこと

で？」

「わしの名《な》を知《し》っているのか」

若武者《わかむしゃ》の顔《かお》がぱっとかがやいた。

「はい。一昨年《おととし》の萱津《かやづ》の合戦《かっせん》では敵《てき》の首《くび》をあげられたとか」

「おお、よう知《し》っているのう」

「お手柄《てがら》は、故郷《こきょう》の中村《なかむら》にも伝《つた》わってきました。信長様《のぶながさま》のお小姓《こしょう》の前田犬千代様《まえだいぬちよさま》は天下無双《てんかむそう》の槍使《やりづか》いだと」

「そうか、そうか。いまは元服《げんぷく》して、言《い》ったとおり又左衛門利家《またざえもんとしいえ》と名乗《なの》っておるがの」

ほめられて喜色満面《きしょくまんめん》の利家《としいえ》を見《み》ているうちに、藤吉郎《とうきちろう》もうれしくなってきた。

「いやあ、よもやこんなところで槍《やり》の又左様《またざさま》にお会《あ》いすることができるとは、故郷《こきょう》の中村《なかむら》に帰《かえ》って自慢《じまん》ができます」

「ははは。もっと自慢《じまん》ができるよう、今日《きょう》の戦《いくさ》でも一番槍《いちばんやり》といきたいものよのう」

「前田様《まえださま》なら必《かなら》ずやお手柄《てがら》をあげられることでしょう」

ぽんぽんと口《くち》をついて調子《ちょうし》のいい言葉《ことば》が出《で》てくるのは、商売柄《しょうばいがら》もあるが、もともとの性格《せいかく》でもある。相手《あいて》がよろこんでいると、もっとよろこばせたくなる。子《こ》どもの頃《ころ》から藤吉《とうきち》郎《ろう》はいつもこうだった。

――前田利家様《まえだとしいえさま》か。根《ね》の真《ま》っ直《す》ぐないい人《ひと》そうだな。こんな家来衆《けらいしゅう》がいるなら織田信長《おだのぶなが》様《さま》に仕《つか》えるのも悪《わる》くないかもしれない。

藤吉郎《とうきちろう》が利家《としいえ》の名《な》を知《し》っているのは、織田信長《おだのぶなが》に仕《つか》えるかどうか迷《まよ》っているところだったからだ。


――武士《ぶし》になって出世《しゅっせ》して、おっかあや兄弟《きょうだい》たちに楽《らく》をさせてやりたい。


それが、幼《おさな》い頃《ころ》からの藤吉郎《とうきちろう》の夢《ゆめ》だった。

西尾張《にしおわり》の中村《なかむら》に生《う》まれた藤吉郎《とうきちろう》は、幼《おさな》くして領主《りょうしゅ》・織田家《おだけ》の足軽《あしがる》だった父《ちち》・木下弥右衛門《きのしたやえもん》を亡《な》くした。母《はは》のなかは百姓《ひゃくしょう》をしながら藤吉郎《とうきちろう》を育《そだ》ててくれた。しかし、なかの再婚相手《さいこんあいて》である養父《ようふ》の竹阿弥《ちくあみ》は、子《こ》どものわりに頭《あたま》の切《き》れる藤吉郎《とうきちろう》をうとましく思《おも》い、家《いえ》から追《お》い出《だ》すように寺《てら》に修行《しゅぎょう》に出《だ》した。だが、僧侶《そうりょ》になったのでは母《はは》に楽《らく》をさせてやることはできない。

そこで藤吉郎《とうきちろう》は、寺《てら》を抜《ぬ》け出《だ》し、夢《ゆめ》だった武士《ぶし》になろうと中村《なかむら》を旅立《たびだ》ったのだった。

十五歳《さい》のときだった。

藤吉郎《とうきちろう》がまず足《あし》を向《む》けたのは、尾張《おわり》の東《ひがし》にある三河《みかわ》だった。

三河《みかわ》は代々《だいだい》松平家《まつだいらけ》が治《おさ》めていたが、この頃《ころ》は織田家《おだけ》と敵対《てきたい》する駿河《するが》・今川家《いまがわけ》の支配下《しはいか》にあった。

父《ちち》が足軽《あしがる》だったとはいえ、自分《じぶん》まで織田家《おだけ》に仕《つか》える義務《ぎむ》はない。だいたい織田家《おだけ》といっても、いまの尾張《おわり》は、尾張下四郡《おわりしもぐん》の守護代《しゅごだい》である織田信友《おだのぶとも》と、その家来筋《けらいすじ》である織田信長《おだのぶなが》が勢力《せいりょく》を競《きそ》いあっていて、仕《つか》えるにしてもどちらを選《えら》んでいいかわからないような状態《じょうたい》だった。

それに比《くら》べると、今川家《いまがわけ》は駿河《するが》のほかに遠江《とおとうみ》や三河《みかわ》も治《おさ》めている大大名《だいだいみょう》だ。たいして広《ひろ》くもない尾張《おわり》のなかで小競《こぜ》りあいをくりかえしている織田家《おだけ》に比《くら》べると、三国《ごく》の太守《たいしゅ》である今川《いまがわ》のほうがずっとたのもしく見《み》えた。

仕《つか》えるなら今川《いまがわ》がいい。

なんの伝手《つて》もないが、行《い》けばきっとどうにかなるだろう。

顔《かお》がちょっとサルに似《に》ていて愛嬌《あいきょう》があるからか、藤吉郎《とうきちろう》にははじめて会《あ》った人《ひと》とでもすぐに打《う》ち解《と》けることのできる特技《とくぎ》があった。おかげで遠江《とおとうみ》の頭陀寺城《ずだじじょう》城主《じょうしゅ》である松下家《まつしたけ》に下働《したばたら》きの身分《みぶん》でやとってもらうことができた。いまから二年前《ねんまえ》の話《はなし》だ。

　松下家《まつしたけ》で、働《はたら》き者《もの》で気《き》くばりのできる藤吉郎《とうきちろう》は気《き》に入《い》られ、主人《しゅじん》にかわいがってもらった。とくに歳《とし》の近《ちか》い松下之綱《まつしたゆきつな》は、尾張《おわり》の農村出《のうそんで》の藤吉郎《とうきちろう》に学問《がくもん》や武芸《ぶげい》を教《おし》えてくれた。

　しかし、まわりにいるほかの家臣《かしん》たちからは「調子《ちょうし》のいいやつ」とか「尾張《おわり》のよそ者《もの》」とさげすまれ、いろいろといじわるをされた。そしてついには、藤吉郎《とうきちろう》の身《み》を案《あん》じた之綱《ゆきつな》から「尾張《おわり》に帰《かえ》ってあたらしい主君《しゅくん》をさがすといい」と金《かね》を渡《わた》され、松下家《まつしたけ》を出《で》ることになったのだった。

　故郷《こきょう》の尾張《おわり》・中村《なかむら》にもどっても、仲《なか》の悪《わる》い養父《ようふ》に「お前《まえ》は口《くち》だけのやつだ」といやみを言《い》われるだけだった。

　しかたなしに、藤吉郎《とうきちろう》は之綱《ゆきつな》からもらった餞別《せんべつ》を元手《もとで》に行商《ぎょうしょう》をはじめた。尾張《おわり》はもとより、美濃《みの》や伊勢《いせ》へと足《あし》をのばしては、どこかにいい話《はなし》はころがっていないものかと機会《きかい》をうかがった。今度《こんど》は自分《じぶん》を安売《やすう》りはせずに、できるだけ身分《みぶん》の高《たか》い、一国《いっこく》、あるいは何郡《なんぐん》かの領地《りょうち》を持《も》つ大名《だいみょう》に仕《つか》えよう。それが出世《しゅっせ》の早道《はやみち》だ、と藤吉郎《とうきちろう》は考《かんが》えていた。

　その藤吉郎《とうきちろう》に「織田信長様《おだのぶながさま》に仕《つか》えてはどうか」と声《こえ》をかけてきたのは、藤吉郎《とうきちろう》の亡《な》き父《ちち》の友人《ゆうじん》だった一若《いちわか》だった。

「お前《まえ》さえその気《き》があれば、わしが上役《うわやく》にかけあってやろう」

織田家《おだけ》の足軽組頭《あしがるくみがしら》をしている一若《いちわか》の言葉《ことば》に、しかし藤吉郎《とうきちろう》は「ちょっと待《ま》ってほしい」と答《こた》えた。

――織田信長様《おだのぶながさま》といえば、天下《てんか》の大《おお》うつけとの評判《ひょうばん》だ。家《いえ》を継《つ》ぐまではだらしない恰好《かっこう》をしては町《まち》をふらついていたというではないか。

そんな人《ひと》の家来《けらい》になっていいものだろうか。

そこで藤吉郎《とうきちろう》は、生活《せいかつ》のためにしばらく針職人《はりしょくにん》から仕入《しい》れた縫《ぬ》い針《ばり》の行商《ぎょうしょう》をしながら、織田信長《おだのぶなが》やその家臣《かしん》たちのことを聞《き》いて歩《ある》くことにした。「槍《やり》の又左《またざ》」こと前田利家《まえだとしいえ》の名《な》前《まえ》もそうやって知《し》ったのだった。

それにしても、こんな場所《ばしょ》で織田信長《おだのぶなが》の軍勢《ぐんぜい》に出《で》くわすとは思《おも》いもよらなかった。村木砦《むらきとりで》のあるこの場所《ばしょ》は、尾張《おわり》と三河《みかわ》の国境《こっきょう》に近《ちか》く、織田《おだ》と今川《いまがわ》、両軍《りょうぐん》がにらみあっている最前線《さいぜんせん》だ。

とはいっても、商人《しょうにん》であれば行《い》き来《き》は割《わり》と自由《じゆう》にできる。目《め》の前《まえ》に見《み》える村木砦《むらきとりで》にも、つい昨日《きのう》、「針《はり》はいりませぬか」と商売《しょうばい》に行《い》ったばかりだった。

こういう場所《ばしょ》だから、いつ織田《おだ》と今川《いまがわ》の戦《いくさ》が起《お》きてもふしぎではない。

だが、まさか自分《じぶん》のいるこの日《ひ》にそれに出《で》くわすとは……。

――これはひょっとすると、運命《うんめい》のようなものかもしれんぞ。

藤吉郎《とうきちろう》は思《おも》った。

――天《てん》はわしにこの戦《いくさ》を見《み》せて、織田信長《おだのぶなが》に仕《つか》えるかどうか決《き》めよと言《い》っているのかもしれん。

「おそれながら、前田様《まえださま》」

藤吉郎《とうきちろう》は、目《め》の前《まえ》にいる利家《としいえ》に言《い》った。

「一番槍《いちばんやり》もいいですが、命《いのち》は大事《だいじ》にしてくだされ。わしは昨日《きのう》、近《ちか》くで村木砦《むらきとりで》を見《み》ましたが、小《ちい》さな砦《とりで》の割《わり》には堀《ほり》が深《ふか》く、なかなかに守《まも》りがかたそうです。いたずらに攻《せ》めると痛《いた》い目《め》にあうかもしれません」

「商人《しょうにん》のそなたになにがわかる」

よろこんでいた利家《としいえ》だったが、藤吉郎《とうきちろう》の言葉《ことば》に少《すこ》しむっとなった。

「わしはゆえあっていまは商人《しょうにん》をしておりますが、父《ちち》は織田家《おだけ》の足軽《あしがる》でした。父《ちち》は童《わらべ》のわしに、城攻《しろぜ》めともなれば最初《さいしょ》に城《しろ》にとりつくのはわれら足軽《あしがる》の役目《やくめ》じゃと、いつも申《もう》しておりました。どうということのない見《み》かけの城《しろ》ほど、攻《せ》めてみると手強《てごわ》いものだとも」

「ほお。たしかにそれは一理《いちり》あるやもしれん。ならばどう攻《せ》めればよい」

「砦《とりで》を囲《かこ》んで兵糧《ひょうろう》がなくなるのを待《ま》てば、相手《あいて》は腹《はら》が減《へ》って戦《いくさ》になりませぬ」

「ははは。悪《わる》いがそんなひまはない」

利家《としいえ》は、持《も》っていた槍《やり》を宙《ちゅう》でぐるりと回転《かいてん》させると、ずん、と地面《じめん》に突《つ》きさした。

「この村木砦《むらきとりで》は織田領《おだりょう》に打《う》ち込《こ》まれた楔《くさび》じゃ。今川《いまがわ》め、ちょっと目《め》を離《はな》している間《あいだ》にこんなものをこしらえおった」

それは藤吉郎《とうきちろう》も知《し》っていた。村木砦《むらきとりで》は信長《のぶなが》の家臣《かしん》である水野忠分《みずのただちか》が守《まも》る緒川城《おがわじょう》を攻《せ》めるために今川方《いまがわがた》が築《きず》いた砦《とりで》だった。すぐ近《ちか》くには織田方《おだがた》の寺本城《てらもとじょう》もあったが、敵《てき》が有利《ゆうり》と見《み》るや織田《おだ》を裏切《うらぎ》って今川《いまがわ》についてしまった。

「こんな目《め》ざわりな砦《とりで》はさっさと落《お》としてしまわないといかんのだ。でないと寺本城《てらもとじょう》のような裏切《うらぎ》りが次々《つぎつぎ》に起《お》きてしまう」

利家《としいえ》の顔《かお》には、織田方《おだがた》が感《かん》じているあせりがよく出《で》ていた。

「まあ、そのへんの草《くさ》むらから見《み》ておるといい。槍《やり》の又左《またざ》の働《はたら》き、中村《なかむら》に帰《かえ》ったらふれまわるとよいぞ」

「はっ、出《で》すぎた真似《まね》をして、申《もう》し訳《わけ》ございませんでした」

頭《あたま》を下《さ》げる藤吉郎《とうきちろう》に「なんの」と利家《としいえ》は笑《わら》った。

「忠告《ちゅうこく》、覚《おぼ》えておこう。さあ、お館様《やかたさま》が来《こ》られる。雑兵《ぞうひょう》とまちがわれでもして斬《き》られたらことじゃ。さっさと身《み》をかくすがいい。流《なが》れ矢《や》に当《あ》たるなよ」

利家《としいえ》に言《い》われて、藤吉郎《とうきちろう》は社《やしろ》からそう離《はな》れていない草《くさ》むらに腰《こし》をおろした。やがて境内《けいだい》は織田軍《おだぐん》の兵《へい》で満《み》ちあふれ、織田家《おだけ》の旗幟《きし》と信長《のぶなが》の馬印《うまじるし》が掲《かか》げられた。


戦《いくさ》はすぐにはじまった。

織田軍《おだぐん》は砦《とりで》の東西《とうざい》と南《みなみ》から攻《せ》めかかった。藤吉郎《とうきちろう》のいる南側《みなみがわ》からは、利家《としいえ》を先頭《せんとう》に数《すう》百人《にん》の兵《へい》たちが空堀《からぼり》に突進《とっしん》していった。そこへ砦《とりで》から放《はな》たれた弓矢《ゆみや》がふりそそぐ。

雨《あめ》のようにふってくる弓矢《ゆみや》を、利家《としいえ》たちはものともせずに堀《ほり》を渡《わた》りはじめた。

だが、堀《ほり》に入《はい》って砦《とりで》の土塁《どるい》にとりついたところで、鈍《にぶ》った足《あし》にふたたび矢《や》がおそってきた。矢《や》だけではない、今川《いまがわ》の兵《へい》たちが上《うえ》からどんどん石《いし》を落《お》としてくる。

戦《いくさ》をはじめて見《み》る藤吉郎《とうきちろう》にも、これはまずいということがわかった。

土塁《どるい》をはいあがろうとしている織田軍《おだぐん》の兵《へい》たちは、次々《つぎつぎ》と矢《や》に打《う》たれ、あるいは重《おも》い石《いし》に直撃《ちょくげき》され、芋虫《いもむし》のように堀《ほり》の底《そこ》へところげおちていく。足軽《あしがる》だけでなく、立派《りっぱ》な兜《かぶと》をかぶった武者《むしゃ》たちもあっけなく討《う》たれている。

「あちゃー、前田様《まえださま》が危《あぶ》ない！」

藤吉郎《とうきちろう》は、おもわず立《た》ちあがって拳《こぶし》を空《そら》に立《た》ててさけんだ。

「前田様《まえださま》——っ！」

このままでは利家《としいえ》は自慢《じまん》の槍《やり》もふるうことなく矢《や》の的《まと》と化《か》してしまう。

——どうすればいいんだ。だから力押《ちからお》しはいかんと言《い》ったのに、こんなへたな戦《いくさ》をするなんて、織田信長《おだのぶなが》という人《ひと》はやっぱりうつけだったか。

松下之綱《まつしたゆきつな》には恩《おん》があるが、藤吉郎《とうきちろう》は別《べつ》に今川《いまがわ》びいきというわけではない。それよりもいまは目《め》の前《まえ》で苦戦《くせん》している織田軍《おだぐん》と利家《としいえ》に肩入《かたい》れしていた。

そのときだった。

突如《とつじょ》ひびき渡《わた》った「だん！」という雷鳴《らいめい》のような音《おと》に、藤吉郎《とうきちろう》は腰《こし》をぬかした。

「な、なんだ？」

脳天《のうてん》をかなづちでたたかれたような衝撃《しょうげき》だった。空気《くうき》がふるえ、耳《みみ》がびりびりとしびれている。

目《め》に入《はい》ったのは、すぐ横《よこ》の本陣《ほんじん》に立《た》つ武将《ぶしょう》であった。陣羽織《じんばおり》の下《した》は紺色《こんいろ》の具足《ぐそく》。まだ若《わか》いが、物《もの》に動《どう》じぬような不敵《ふてき》な面《つら》がまえは一目《ひとめ》で総大将《そうだいしょう》・織田信長《おだのぶなが》とわかった。

「あれは……鉄砲《てっぽう》というものか」

信長《のぶなが》は兜《かぶと》はかぶっておらず、かわりに長《なが》い筒《つつ》のようなものを両手《りょうて》でかまえていた。「次《つぎ》だ」と信長《のぶなが》が言《い》うと、そばに仕《つか》えている小姓《こしょう》たちがあたらしい筒《つつ》を渡《わた》した。ねらいをつけると、また轟音《ごうおん》が鳴《な》りひびいた。

「次《つぎ》！」

信長《のぶなが》は、次《つぎ》から次《つぎ》へと火縄銃《ひなわじゅう》を受《う》けとり、砦《とりで》に向《む》かって撃《う》った。

敵《てき》も味方《みかた》も、その音《おと》にのまれたかのように静《しず》まりかえっている。

鉄砲《てっぽう》をねらい撃《う》つ信長《のぶなが》の目《め》は、獲物《えもの》を見《み》つけた鷹《たか》のような鋭《するど》さだった。

つづいて、信長《のぶなが》の前《まえ》にひかえていた鉄砲隊《てっぽうたい》がいっせいに射撃《しゃげき》をはじめた。

「なにをしておる。攻《せ》めよ！」

信長《のぶなが》の号令《ごうれい》に、織田軍《おだぐん》はいきおいをもりかえして砦《とりで》を攻《せ》めたてた。信長《のぶなが》とその鉄砲隊《てっぽうたい》が、柵《さく》の狭間《はざま》から寄《よ》せ手《て》に矢《や》を射《い》かけようとする敵兵《てきへい》たちに鉄砲《てっぽう》を次々《つぎつぎ》とあびせる。形勢《けいせい》は完《かん》全《ぜん》に逆転《ぎゃくてん》していた。そうするうちに、利家《としいえ》たちが柵《さく》をのりこえて砦《とりで》のなかに突入《とつにゅう》した。

まもなくして、砦《とりで》を落《お》とされた今川方《いまがわがた》は降伏《こうふく》した。

はらった犠牲《ぎせい》も多《おお》かったが、戦《いくさ》は織田軍《おだぐん》の大勝利《だいしょうり》に終《お》わった。一部始終《いちぶしじゅう》を見《み》ていた藤吉郎《とうきちろう》は思《おも》った。

――織田信長《おだのぶなが》という人《ひと》はすごいお人《ひと》だ。

火縄銃《ひなわじゅう》など、聞《き》いたことはあっても使《つか》っているのを見《み》たことはなかった。一発撃《いっぱつう》つのに時間《じかん》がかかるから、戦《いくさ》では役《やく》に立《た》たないという話《はなし》だったが、信長《のぶなが》は数挺《すうちょう》の鉄砲《てっぽう》を次々《つぎつぎ》に持《も》ちかえることでその弱点《じゃくてん》を克服《こくふく》していた。

――この人《ひと》になら、仕《つか》えてもいいかもしれない。いや、仕《つか》えてみたいぞ。

戦《いくさ》が終《お》わったあと、織田軍《おだぐん》は勝利《しょうり》を祝《いわ》って宴《うたげ》をひらいた。宴会《えんかい》には、兵《へい》だけでなく織田《おだ》軍《ぐん》に協力《きょうりょく》した村《むら》の者《もの》たちも呼《よ》ばれた。藤吉郎《とうきちろう》も、そのなかにちゃっかりまじっていた。

「藤吉郎《とうきちろう》ではないか！」

声《こえ》をかけてきたのは、一若《いちわか》だった。

「一若《いちわか》さん、あんたもいたのか！」

「おお、危《あぶ》ないところだったがな。お館様《やかたさま》の鉄砲《てっぽう》のおかげで、このとおりの大勝利《だいしょうり》じゃ」

一若《いちわか》は鎧《よろい》の胴《どう》についた矢傷《やきず》を自慢《じまん》げに見《み》せた。

「一若《いちわか》さん、わしは決《き》めたぞ。わしは、木下藤吉郎《きのしたとうきちろう》は、信長様《のぶながさま》に仕《つか》える！」

「おお、その気《き》になったか。ならばわしが話《はなし》を通《とお》してやろう」

「通《とお》すなら、前田利家様《まえだとしいえさま》を通《とお》してくれ」

「なんだ、お主《ぬし》。もう前田様《まえださま》にとりいっていたか。ぬけめないやつじゃな」

よし、わかった、と一若《いちわか》はうなずいた。

「あのお方《かた》はお館様《やかたさま》のお小姓衆《こしょうしゅう》じゃ。わしなんぞよりずっと話《はなし》がはやい。もしやすると、お館様《やかたさま》のおそば近《ちか》くにお仕《つか》えすることができるかもしれんぞ」

一若《いちわか》の言《い》うとおりだった。戦《いくさ》を終《お》えて居城《きょじょう》の那古野城《なごやじょう》へとひきあげた織田信長《おだのぶなが》を追《お》いかけた藤吉郎《とうきちろう》は、利家《としいえ》の口利《くちき》きもあって信長《のぶなが》の近《ちか》くで下働《したばたら》きをすることになった。

2 サル

織田家《おだけ》に召《め》し抱《かか》えられた藤吉郎《とうきちろう》が最初《さいしょ》に命《めい》じられたのは、信長《のぶなが》の馬屋番《うまやばん》だった。

武芸《ぶげい》も学問《がくもん》も松下家《まつしたけ》でひととおり身《み》につけた藤吉郎《とうきちろう》だったが、織田家《おだけ》での身分《みぶん》はしょせん武士《ぶし》ではない小者《こもの》であり、新入《しんい》りということもあって馬《うま》の世話係《せわがかり》にしてもらうのがやっとだった。

それでも、秀吉《ひでよし》はくさらなかった。

――信長様《のぶながさま》のおそば近《ちか》くに置《お》いてもらえるだけ、わしはしあわせじゃ。住《す》む家《いえ》も那古野城下《なごやじょうか》の足軽長屋《あしがるながや》のひとつをもらった。何者《なにもの》でもなかった昨日《きのう》までのことを思《おも》えば、家《いえ》も働《はたら》く場所《ばしょ》も仕《つか》える主《あるじ》もいるいまの自分《じぶん》はとても幸運《こううん》に思《おも》えた。

次《つぎ》の目標《もくひょう》は、信長《のぶなが》に顔《かお》を覚《おぼ》えてもらうことだった。

松下家《まつしたけ》でよそ者《もの》の自分《じぶん》がかわいがられたのは、一にも二にも主人《しゅじん》に気《き》に入《い》られたからだ。それはどこに行《い》っても同《おな》じだろう。

はじめて馬小屋《うまごや》に行《い》った藤吉郎《とうきちろう》は、信長《のぶなが》の愛馬《あいば》を見《み》るや話《はな》しかけた。

「わしの名《な》は木下藤吉郎《きのしたとうきちろう》じゃ。これからお前《まえ》さんの世話《せわ》をさせてもらう。どうかよろしくたのむぞ」

藤吉郎《とうきちろう》の言葉《ことば》が伝《つた》わったのか、馬《うま》もさかんに尻尾《しっぽ》をふった。それを見《み》た馬屋《うまや》の頭《かしら》や先輩《せんぱい》の世話係《せわがかり》たちは「ははは。こやつお館様《やかたさま》の馬《うま》に気《き》にいられておる」と笑《わら》った。

ちょうどいいと信長《のぶなが》の馬《うま》の世話係《せわがかり》を命《めい》じられた藤吉郎《とうきちろう》は、毎日《まいにち》、馬《うま》に話《はな》しかけてはエサをやり、からだをふいてやった。朝《あさ》はだれよりもはやく小屋《こや》に行《い》き、つまれた干《ほ》し草《くさ》のなかでも汚《よご》れていないきれいなものを与《あた》え、運動不足《うんどうぶそく》にならないように外《そと》に出《だ》しては歩《ある》かせた。

そして、その日《ひ》はやってきた。

「お館様《やかたさま》のお出《で》かけじゃ。馬《うま》をひけ」

小姓《こしょう》の命《めい》を受《う》けた藤吉郎《とうきちろう》は、信長《のぶなが》の待《ま》つ馬場《ばば》まで馬《うま》をひいていった。

馬場《ばば》には、信長《のぶなが》と利家《としいえ》が待《ま》っていた。

はじめて正面《しょうめん》から見《み》る信長《のぶなが》は、思《おも》ったよりも色《いろ》が白《しろ》く、背《せ》が高《たか》かった。すっとのびた鼻《はな》すじにやさしそうな目《め》、顔《かお》だけなら武家《ぶけ》というよりも公家《くげ》に見《み》えた。

――この御方《おかた》が信長様《のぶながさま》か。

あまりじろじろ見《み》ては失礼《しつれい》にあたる。藤吉郎《とうきちろう》は近《ちか》くまで行《い》くと地面《じめん》にひざをついて目《め》をふせた。

信長《のぶなが》は、馬《うま》がとまるとすぐにはまたがらず、「犬千代《いぬちよ》」と利家《としいえ》を呼《よ》んだ。

「わしの目《め》がおかしくなったのかのう。サルが馬《うま》をひいている」

「この者《もの》のことですか？」

「お前《まえ》がひろってきた者《もの》を召《め》し抱《かか》えたと聞《き》いたが、人《ひと》ではなくサルであったか」

「はあ……」

なんと答《こた》えたものか、こまっている様子《ようす》の利家《としいえ》の横《よこ》で、藤吉郎《とうきちろう》は「よしっ！」と心《こころ》のなかで拳《こぶし》をにぎっていた。

――お館様《やかたさま》が、わしに興味《きょうみ》を持《も》ってくださっている。

サルあつかいされるのは子《こ》どもの頃《ころ》から慣《な》れている。ちっとも気《き》にならなかった。むしろ、このサル顔《がお》で得《とく》をしてきたことのほうが多《おお》いのだ。

「サル、面《おもて》をあげい」

言《い》われて、顔《かお》をあげた。信長《のぶなが》と目《め》があった。

「ほお、なかなかいい面構《つらがま》えのサルじゃ。名《な》はなんと申《もう》す」

「藤吉郎《とうきちろう》、木下藤吉郎《きのしたとうきちろう》にございます」

「歳《とし》はいくつじゃ」

「十八でございます」

「犬千代《いぬちよ》とそうかわらんな」

そう言《い》うと、信長《のぶなが》は馬《うま》にまたがり、「ふっ」と笑《わら》った。

「はげめ」

むちを当《あ》てられた馬《うま》が走《はし》り出《だ》した。

「やったな、藤吉郎《とうきちろう》」

ひざをついたままの藤吉郎《とうきちろう》の肩《かた》を利家《としいえ》がたたいた。

「お館様《やかたさま》はお前《まえ》が気《き》に入《い》ったようだぞ」

「そうですか？」

「ああ、気《き》に入《い》らねばいまのように言葉《ことば》をかけたりするものか」

「仕事《しごと》にはげめば、小者《こもの》から武士《ぶし》にとりたててもらえますでしょうか」

「それはわからん。だが、この間《あいだ》の戦《いくさ》では多《おお》くの者《もの》が討《う》ち死《じ》にした。わしもお館様《やかたさま》の鉄砲《てっぽう》に救《すく》われねば危《あぶ》ないところだった。お館様《やかたさま》は失《うしな》った家臣《かしん》の穴《あな》をどう埋《う》めるか、ご苦心《くしん》なさっているところじゃ。よい働《はたら》きを見《み》せれば、家来衆《けらいしゅう》にくわえてもらえるかもしれん」

藤吉郎《とうきちろう》を気《き》に入《い》ったのは信長《のぶなが》だけではなかった。利家《としいえ》もまた藤吉郎《とうきちろう》を気《き》に入《い》っているようだった。

「お前《まえ》もわかっておろうが、お館様《やかたさま》はいずれ尾張一国《おわりいっこく》の国主《こくしゅ》となるお方《かた》だ」

「はい」

現在《げんざい》の尾張《おわり》は、清洲城《きよすじょう》にいる守護代《しゅごだい》の織田信友《おだのぶとも》が、もともとの尾張守護《おわりしゅご》である斯波義統《しばよしむね》にとってかわり、すべてを支配《しはい》しようとしていた。その信友《のぶとも》の野心《やしん》に立《た》ちはだかっているのが信長《のぶなが》だった。

「お館様《やかたさま》のお父上《ちちうえ》の信秀様《のぶひでさま》はもともと信友《のぶとも》の家臣《かしん》であったが、一代《だい》でそれとならび立《た》つほどの力《ちから》を持《も》たれた。斯波義統様《しばよしむねさま》の信頼《しんらい》もあつく、いずれは信友《のぶとも》を守護代《しゅごだい》の座《ざ》からしりぞけるのではと思《おも》われていた。しかし、信秀様《のぶひでさま》は三年前《ねんまえ》に病《やまい》で亡《な》くなられた」

「はい」

「跡《あと》を継《つ》がれたのがお館様《やかたさま》だ。信友《のぶとも》にとっては、やっかいな存在《そんざい》である信秀様《のぶひでさま》が亡《な》くなったこの機《き》に尾張一国《おわりいっこく》をわがものにしたいところだっただろう。信友《のぶとも》だけではない、その家《か》臣《しん》の坂井大膳《さかいだいぜん》などもそうしたいと願《ねが》っていた。そこでやつらはまだ若《わか》いお館様《やかたさま》を攻《せ》めることとした」

「はい。それで起《お》きたのが一昨年《おととし》の萱津《かやづ》の合戦《かっせん》でしたな。前田様《まえださま》が初陣《ういじん》でお手柄《てがら》をあげられた……」

「さよう。あの戦《いくさ》では我《わ》が方《ほう》が勝《か》った。だが、信友《のぶとも》や大膳《だいぜん》はあきらめてはおらぬ。近々《ちかぢか》、だれが尾張《おわり》の主《あるじ》となるか、雌雄《しゆう》を決《けっ》する戦《たたか》いが起《お》こるだろう」

信長《のぶなが》は、尾張国内《おわりこくない》では清洲《きよす》の織田信友《おだのぶとも》と戦《たたか》い、三河方面《みかわほうめん》では今川《いまがわ》と戦《たたか》っている。右《みぎ》も左《ひだり》も敵《てき》だったが、あの村木砦《むらきとりで》での戦《たたか》いぶりを目《め》にした藤吉郎《とうきちろう》には、信長《のぶなが》こそが最後《さいご》の勝者《しょうしゃ》にふさわしい気《き》がした。

「尾張一国《おわりいっこく》の大名《だいみょう》ともなれば、家臣《かしん》もいまよりもっと必要《ひつよう》だ。だから藤吉郎《とうきちろう》、はげめよ」

「ははっ」

信長《のぶなが》はというと、下《した》ならしに馬場《ばば》で馬《うま》を走《はし》らせている。ともをするという利家《としいえ》も別《べつ》の馬《うま》にまたがった。藤吉郎《とうきちろう》は城《しろ》の外《そと》に出《で》ていく信長《のぶなが》と利家《としいえ》を見送《みおく》ると、ちかいをあらたにした。

信長様《のぶながさま》はいまはまだ尾張半国《おわりはんこく》も治《おさ》めていない。が、近《ちか》いうちに織田信友《おだのぶとも》を倒《たお》し、尾張《おわり》の盟主《めいしゅ》となる。

——そのとき、わしは……。

すでに見《み》えなくなった信長《のぶなが》と利家《としいえ》の背中《せなか》を思《おも》い起《お》こしながら藤吉郎《とうきちろう》は思《おも》った。

——利家様《としいえさま》のように、お館様《やかたさま》の横《よこ》にいたいものじゃ。

それからというもの、藤吉郎《とうきちろう》は一心《いっしん》に信長《のぶなが》の愛馬《あいば》の世話《せわ》にはげんだ。そのかいあって、一年《ねん》もたつ頃《ころ》には馬屋番《うまやばん》ではなく、信長《のぶなが》の草履《ぞうり》とりになっていた。草履《ぞうり》とりとは、その名《な》のごとく、主《あるじ》の草履《ぞうり》を出《だ》したりしまったりする係《かかり》のことだった。

ただ草履《ぞうり》を出《だ》すだけでは芸《げい》がない。寒《さむ》い日《ひ》などは、藤吉郎《とうきちろう》は信長《のぶなが》が現《あらわ》れるまでの間《あいだ》、草履《ぞうり》をふところに入《い》れてあたためたりもした。信長《のぶなが》はそうした藤吉郎《とうきちろう》の気《き》づかいに感心《かんしん》し、次々《つぎつぎ》とあたらしい仕事《しごと》を与《あた》えてくれた。

「サル、台所《だいどころ》をまかす」

城内《じょうない》の勝手仕事《かってしごと》をまかされた藤吉郎《とうきちろう》は、むだづかいの多《おお》かった釜戸《かまど》の薪《まき》や行灯《あんどん》の油《あぶら》を節《せつ》約《やく》してみせた。

「サル、石垣《いしがき》を修理《しゅうり》してみせろ」

藤吉郎《とうきちろう》は、だれがやっても工事《こうじ》がいっこうに進《すす》まなかった石垣《いしがき》の修理《しゅうり》を、人夫《にんぷ》たちを組《くみ》に分《わ》け、はやく仕事《しごと》を終《お》えた組《くみ》から賞金《しょうきん》を与《あた》えて競《きそ》わせることで、わずか数日《すうじつ》のうちに終《お》わらせてみせた。

こんなふうに、信長《のぶなが》はまるで藤吉郎《とうきちろう》が次《つぎ》になにをやるのか、どこまでやるのか、なかばおもしろがりながら試《ため》すようにいろいろな役目《やくめ》を命《めい》じてきた。そのたびに藤吉郎《とうきちろう》ははりきって仕事《しごと》にとりくんだ。

三年後《ねんご》には、藤吉郎《とうきちろう》は念願《ねんがん》の武士《ぶし》となっていた。足軽組頭《あしがるくみがしら》として、三十人《にん》の配下《はいか》を持《も》つまでに出世《しゅっせ》していた。

一方《いっぽう》で、信長《のぶなが》は藤吉郎《とうきちろう》や利家《としいえ》が願《ねが》ったとおり、敵対《てきたい》する勢力《せいりょく》を次々《つぎつぎ》に討《う》ち滅《ほろ》ぼし、尾張《おわり》一国《いっこく》の国主《こくしゅ》となった。藤吉郎《とうきちろう》が仕《つか》えはじめてから五年後《ねんご》の永禄《えいろく》二年《ねん》（一五五九年《ねん》）には、京都《きょうと》にのぼって室町幕府《むろまちばくふ》第十三代将軍《だいしょうぐん》・足利義輝《あしかがよしてる》にも拝謁《はいえつ》した。

――やっぱりわしが見込《みこ》んだだけのことはある。お館様《やかたさま》はさすがじゃ！

よろこんでいた藤吉郎《とうきちろう》を、しかし、ふるえあがらせる出来事《できごと》が起《お》きた。

今川義元《いまがわよしもと》が、大軍《たいぐん》を率《ひき》いて自《みずか》ら尾張《おわり》に攻《せ》め込《こ》んできた。

永禄《えいろく》三年《ねん》（一五六〇年《ねん》）の五月《がつ》のことであった。

駿河《するが》、遠江《とおとうみ》、三河《みかわ》の三国《さんごく》を領《りょう》する今川方《いまがわがた》は、兵力《へいりょく》二万《まん》五千《せん》。対《たい》して、信長《のぶなが》の織田軍《おだぐん》は三千《ぜん》。だれがどう見《み》ても織田《おだ》に勝《か》ち目《め》はなかった。

だが、信長《のぶなが》は勝《か》った。

織田方《おだがた》の城《しろ》や砦《とりで》を次々《つぎつぎ》に落《お》として油断《ゆだん》している今川義元《いまがわよしもと》の本陣《ほんじん》に突撃《とつげき》するや、義元《よしもと》の首《くび》を討《う》ち取《と》ってしまった。総大将《そうだいしょう》を失《うしな》った今川軍《いまがわぐん》はほうほうのていで駿河《するが》に逃《に》げ帰《かえ》った。そして二度《ど》と織田領《おだりょう》へは攻《せ》め込《こ》んでこなかった。

この勝利《しょうり》には藤吉郎《とうきちろう》もおどろいた。

――お館様《やかたさま》には軍神《ぐんしん》がついておられるようじゃ。

桶狭間《おけはざま》から信長《のぶなが》の居城《きょじょう》がある清洲《きよす》へもどってきた軍勢《ぐんぜい》は、勝利《しょうり》によろこぶ城下《じょうか》の人々《ひとびと》の歓迎《かんげい》を受《う》けていた。兵《へい》たちは、人々《ひとびと》が差《さ》し出《だ》すお茶《ちゃ》や食《た》べ物《もの》にありついていた。

そのなかで、藤吉郎《とうきちろう》は考《かん》えごとにふけっていた。

――わしは、お館様《やかたさま》には気《き》に入《い》られているが、戦場《せんじょう》での武功《ぶこう》となるとなにもない。この桶狭間《おけはざま》の戦《いくさ》でも、お館様《やかたさま》やみんなの後《うし》ろについていっただけで、気《き》がついたら戦《いくさ》が終《お》わっていた……。

戦場《せんじょう》で手柄《てがら》を立《た》てたい。そうすれば、きっと出世《しゅっせ》もはやいだろう。

――出世《しゅっせ》すれば、おふくろ様《さま》を中村《なかむら》から呼《よ》ぶことができる。弟《おとうと》や妹《いもうと》たちも呼《よ》べる。嫁《よめ》をもらって所帯《しょたい》を持《も》つこともできるだろう。

「なにをなすにも、まずは出世《しゅっせ》だぎゃあ。あーはやく次《つぎ》の戦《いくさ》にならんもんかにゃあ」

藤吉郎《とうきちろう》が故郷《こきょう》の言葉《ことば》で一人《ひとり》ぶつぶつ言《い》っていると、「もし」と声《こえ》がかかった。

「なんじゃ？」

ふり向《む》くと、そこには小袖姿《こそですがた》の娘《むすめ》がいた。

「よくご無事《ぶじ》に帰《かえ》ってこられました。にぎりめしはいかがですか」

娘《むすめ》の手《て》にはにぎりめしがのっていた。

「おお、これはありがたい！」

藤吉郎《とうきちろう》は礼《れい》を言《い》うのと同時《どうじ》ににぎりめしを受《う》けとった。

「腹《はら》がへっていたんだ。うん、うまい！」

にぎりめしをたいらげる藤吉郎《とうきちろう》を、娘《むすめ》はニコニコして見《み》ていた。最初《さいしょ》は子《こ》どもかと思《おも》ったが、よく見《み》ると、十四歳《さい》か十五歳《さい》か、もう立派《りっぱ》な女性《じょせい》といっていい年頃《としごろ》だった。

「娘《むすめ》さん、清洲《きよす》の町《まち》の者《もの》か」

「はい。浅野長勝《あさのながかつ》の娘《むすめ》で、ねねと申《もう》します」

「浅野殿《あさのどの》の娘《むすめ》か。お父上《ちちうえ》とは城《しろ》で何度《なんど》も会《あ》っている。わしの名《な》は木下藤吉郎《きのしたとうきちろう》と申《もう》す。そうか、浅野殿《あさのどの》にはこんなに立派《りっぱ》なご息女《そくじょ》がおられたのか」

「とんでもございません」

ねねは、頬《ほお》を少《すこ》し赤《あか》くして首《くび》をふった。

「女子《おなご》など、戦《いくさ》があってもこうしてにぎりめしでも作《つく》りながら皆《みな》さまのご武運《ぶうん》を祈《いの》るほかありません」

「いやいや、いまのにぎりめしはうまかった。こんなにうまいにぎりめしは生《う》まれてはじめてじゃ」

「でしたら、家《いえ》にいらっしゃってください。まだまだ用意《ようい》してあります」

「浅野殿《あさのどの》を待《ま》たないでいいのか」

「父《ちち》はすでに帰《かえ》っております。もう一人《ひとり》の父上《ちちうえ》や兄上《あにうえ》たちと祝《いわ》いの酒《さけ》をくみかわしております」

「もう一人《ひとり》の父上《ちちうえ》とは？」

「杉原定利《すぎはらさだとし》です。わたしはもとは杉原家《すぎはらけ》に生《う》まれたのですが、妹《いもうと》とともに浅野家《あさのけ》に養女《ようじょ》に出《だ》された身《み》なのです」

「おお、杉原殿《すぎはらどの》か。杉原殿《すぎはらどの》のことも存《ぞん》じておるぞ」

「ならばなおさら。遠慮《えんりょ》なさらずにおこしくださいませ」

「そうじゃな、家族《かぞく》みずいらずの場《ば》を邪魔《じゃま》しては悪《わる》いが、勝《か》ち戦《いくさ》の宴《うたげ》というのなら遠慮《えんりょ》なくうかがおう」

藤吉郎《とうきちろう》は「さあ」と道《みち》を案内《あんない》するねねの後《うし》ろ姿《すがた》を見《み》ながら思《おも》った。

――ねね殿《どの》か、かわいい人《ひと》じゃな。

3 結婚《けっこん》

その日《ひ》、清洲城下《きよすじょうか》の杉原家《すぎはらけ》では、二人《ふたり》の女《おんな》が言《い》い争《あらそ》っていた。

「だめです！　あんなサルと結婚《けっこん》だなんてこの母《はは》がゆるしません！」

「母上《ははうえ》、藤吉郎様《とうきちろうさま》はサルではありません。れっきとした人《ひと》です」

「人《ひと》、人《ひと》って、ねね、あなたは言《い》うけど、氏素性《うじすじょう》もわからない男《おとこ》ではないですか。嫁《よめ》に行《い》くならもっと身分《みぶん》のたしかな方《かた》のもとに嫁《とつ》ぎなさい」

「母上《ははうえ》は氏素性《うじすじょう》がわからないと言《い》われますが、藤吉郎様《とうきちろうさま》は織田家《おだけ》の立派《りっぱ》な家臣《かしん》です。お館《やかた》様《さま》のおそばに仕《つか》えておられるのですよ」

「家臣《かしん》ではなく小者《こもの》でしょう。うわさでは草履《ぞうり》とりをしていたというではありませんか。のう、お前様《まえさま》」

ねねの母《はは》、こひは横《よこ》にいる杉原定利《すぎはらさだとし》に言《い》った。

「草履《ぞうり》とりは何年《なんねん》も前《まえ》じゃ。いまは足軽組頭《あしがるくみがしら》だ。お館様《やかたさま》に気《き》に入《い》られておるからの。もうすぐ足軽大将《あしがるたいしょう》になるかもしれん」

「そうじゃ。お館様《やかたさま》の覚《おぼ》えがめでたいのはたしかじゃ」

相槌《あいづち》を打《う》ったのは、こひの兄《あに》の杉原家次《すぎはらいえつぐ》だった。

「兄上《あにうえ》もお前様《まえさま》もサルをかばうのですか。浅野殿《あさのどの》、あなたもですか」

定利《さだとし》のとなりには、ねねの養父《ようふ》の浅野長勝《あさのながかつ》がいた。

「あやつはたしかにサルに似《に》ておるが、それゆえにお館様《やかたさま》に、サル、サル、と呼《よ》ばれて好《す》かれているのもたしかじゃ」

「母上《ははうえ》、藤吉郎様《とうきちろうさま》を見《み》ている父上《ちちうえ》たちがこうおっしゃっているのですよ」

ねねの声《こえ》がいきおいづいた。その声《こえ》を、藤吉郎《とうきちろう》は屋敷《やしき》の外《そと》で聞《き》いていた。

——やっぱりねねのお母上《ははうえ》は、わしのことが気《き》に入《い》らんのじゃな。

知《し》りあって一年《ねん》あまり、お互《たが》いにひかれあった二人《ふたり》は夫婦《めおと》になりたいと願《ねが》っていた。

ねねは「どうしても藤吉郎様《とうきちろうさま》と結婚《けっこん》したい」と言《い》ってくれていたし、養父《ようふ》の浅野長勝《あさのながかつ》やその妻《つま》のふく、実父《じっぷ》の杉原定利《すぎはらさだとし》、伯父《おじ》の杉原家次《すぎはらいえつぐ》も賛成《さんせい》してくれた。

ところが、ねねの実《じつ》の母《はは》である、こひが猛反対《もうはんたい》してきた。

こひは養女《ようじょ》に出《だ》した娘《むすめ》に「前田利家様《まえだとしいえさま》くらいの殿方《とのがた》と結婚《けっこん》してほしい」と願《ねが》っていた。足軽組頭《あしがるくみがしら》では身分《みぶん》が低《ひく》すぎる。それが反対《はんたい》の理由《りゆう》だった。

この日《ひ》は、とうとう腹《はら》を立《た》てたねねが、実家《じっか》に一族《いちぞく》を集《あつ》めてこひの説得《せっとく》にあたった。藤《とう》吉郎《きちろう》としてもできればその席《せき》に加《くわ》わりたがったが、「あなたの顔《かお》を見《み》ると母上《ははうえ》はよけいに意固地《いこじ》になりますから」とねねに説得《せっとく》されて、こうして庭先《にわさき》で壁《かべ》づたいに耳《みみ》をそばだてていたのだった。

――どうしたものか。

ただじっと待《ま》つというのはどうも性分《しょうぶん》に合《あ》わなかった。

――ねねのお母上《ははうえ》という城《しろ》を落《お》とすにはどうしたらいいか。

合戦《かっせん》にたとえてみると、いい考《かんが》えが生《う》まれそうだった。

――力押《ちからお》しではどうにもならん。となると……。

うーんとうなっていると、門《もん》の外《そと》から「もし」と女性《じょせい》の声《こえ》がした。「ん？」とふりかえった藤吉郎《とうきちろう》は「おおっ！」と声《こえ》をあげた。

門《もん》の前《まえ》にいたのは、利家《としいえ》の妻《つま》のまつだった。まつとねねは仲《なか》のいい友人同士《ゆうじんどうし》だ。

「これはおまつ様《さま》。なぜここに？」

「ねね様《さま》にたのまれたのです。藤吉郎様《とうきちろうさま》との結婚《けっこん》をゆるしてもらいに実家《じっか》に行《い》くつもりだけど、様子《ようす》を見《み》にきてはくれないかと」

「それはありがたい。いや、実《じつ》はこまっていましてな……」

ねねとこひとのやりとりを教《おし》えると、おまつは「まあ」と口《くち》に手《て》を当《あ》てた。

「やはり、そんなことに。では、わたしの出番《でばん》ですね」

「出番《でばん》とは？」

「利家様《としいえさま》に言《い》いつかってまいりました」

「言《い》いつかった。なにを？」

そこまで話《はな》していたときだった。家《いえ》の中《なか》からこひのさけび声《ごえ》が聞《き》こえた。

「だめと言《い》ったらだめです！　ねね、どうしてもあの男《おとこ》と結婚《けっこん》するというなら、金輪際《こんりんざい》、わたしはあなたと縁《えん》を切《き》ります。もう母《はは》でも娘《むすめ》でもありません」

町中《まちじゅう》にひびき渡《わた》るような声《こえ》だった。

「ああ、それならけっこうです。わたしには浅野《あさの》の父上様《ちちうえさま》、母上様《ははうえさま》がおります。こんなわからず屋《や》の母上《ははうえ》、こっちから縁切《えんき》りです」

ねねも負《ま》けじと言《い》いかえした。

「あっちゃあ、まずいぞ、こりゃ」

頭《あたま》を抱《かか》えた藤吉郎《とうきちろう》に、おまつが言《い》った。

「入《はい》りましょう。この場《ば》はわたしにおまかせください」

おまつは「ごめん！」と家《いえ》のなかに入《はい》った。藤吉郎《とうきちろう》もつづいた。

「おまつ様《さま》！」

ねねがおどろいた。杉原定利《すぎはらさだとし》も家次《いえつぐ》も浅野長勝《あさのながかつ》もふくもこひも、不意《ふい》に現《あらわ》れたおまつに注目《ちゅうもく》した。

「主人《しゅじん》、前田利家《まえだとしいえ》よりの言付《ことづ》けです。この結婚《けっこん》、前田家《まえだけ》があずからせていただきます」

おまつが言《い》った。

「前田家《まえだけ》があずかる？」

浅野長勝《あさのながかつ》が聞《き》きかえした。「ということは？」と杉原定利《すぎはらさだとし》がつづけた。

「藤吉郎様《とうきちろうさま》とねね様《さま》の結婚《けっこん》、前田利家《まえだとしいえ》が媒酌人《ばいしゃくにん》となります。これはお館様《やかたさま》の命《めい》です」

「お、お、お館様《やかたさま》じゃと！」

その場《ば》にいた全員《ぜんいん》が目《め》をまるくした。藤吉郎《とうきちろう》も「へっ？」と声《こえ》を裏返《うらがえ》した。

「おまつ様《さま》、お館様《やかたさま》がそうおっしゃられたのですか」

「そうです。藤吉郎様《とうきちろうさま》がどうも結婚《けっこん》できずに悩《なや》んでおられると、利家様《としいえさま》がお館様《やかたさま》にご相談《そうだん》なされたのです。すると、お館様《やかたさま》は、サルでもうまくできぬことがあったか、とお笑《わら》いになられたそうで」

そこで信長《のぶなが》は、利家《としいえ》に命《めい》じたのだという。

「犬千代《いぬちよ》、お前《まえ》が媒酌人《ばいしゃくにん》になってやれ。この結婚《けっこん》、わしが命《めい》じると、杉原《すぎはら》、浅野《あさの》の両名《りょうめい》に伝《つた》えよ。お館様《やかたさま》は利家様《としいえさま》にそう言《い》い渡《わた》されたそうです」

「お館様《やかたさま》が……わしの結婚《けっこん》を」

聞《き》いていなかった。知《し》らなかった。まさか信長様《のぶながさま》がそんな気《き》をまわしてくれていたとは。

——お館様《やかたさま》、たかだか足軽組頭《あしがるくみがしら》のわしに対《たい》して、媒酌人《ばいしゃくにん》まで用意《ようい》してくださるとは。

こうなってはこひも反対《はんたい》するわけにはいかなくなった。

「なるほど、お館様《やかたさま》はこのサル……いや、藤吉郎殿《とうきちろうどの》がよほどお気《き》に入《い》りなのですね」

こひは、おまつの後《うし》ろにいる藤吉郎《とうきちろう》をちらりと見《み》て、「ふう」とため息《いき》をついた。

「わかりました。お館様《やかたさま》の命《めい》とあってはいいも悪《わる》いもありません。結婚《けっこん》をみとめます」

そのかわり、とこひは藤吉郎《とうきちろう》をにらんで言《い》った。

「出世《しゅっせ》なさるのですよ。ねねは本当《ほんとう》なら侍大将《さむらいだいしょう》の妻《つま》となるべき女子《おなご》なのですから」

「おまかせください。お母上様《ははうえさま》！」

藤吉郎《とうきちろう》はその場《ば》にひざまずくと頭《あたま》を下《さ》げた。

「侍大将《さむらいだいしょう》どころか、わしはお館様《やかたさま》のもとで出世《しゅっせ》して大名《だいみょう》になってみせます！」

顔《かお》をあげた藤吉郎《とうきちろう》は、満面《まんめん》に笑《え》みをたたえていた。

「そのサル顔《がお》も、笑《わら》うと愛嬌《あいきょう》があるのですね。はじめて知《し》りました」

こひも、根負《こんま》けしたといった感《かん》じで笑《わら》った。

すると、外《そと》から馬《うま》のいななきが聞《き》こえてきた。

「なんじゃ？」

外《そと》にいちばん近《ちか》いところにいた藤吉郎《とうきちろう》が門《もん》まで出《で》てみると馬《うま》が見《み》えた。馬上《ばじょう》にいたのは、なんと信長《のぶなが》だった。

「お館様《やかたさま》！」

「鷹狩《たかが》りの帰《かえ》りじゃ。犬千代《いぬちよ》に言《い》われてな。寄《よ》ってみた」

ともの何人《なんにん》かのなかには利家《としいえ》もいた。

「利家様《としいえさま》も！」

「藤吉郎《とうきちろう》、まつは少《すこ》しは役《やく》に立《た》てたかな」

利家《としいえ》は茶目《ちゃめ》っ気《け》のある笑顔《えがお》を見《み》せた。

「役《やく》に立《た》つもなにも、神《かみ》の使《つか》いのようでした。おかげでわしは結婚《けっこん》できます」

「神《かみ》」はもちろん信長《のぶなが》だ。藤吉郎《とうきちろう》はさけんだ。

「お館様《やかたさま》はわしの神様《かみさま》です。わしは一生《いっしょう》お館様《やかたさま》についていきます」

「そうか」

信長《のぶなが》は鞍《くら》の上《うえ》でニヤリとした。

「ならば、明日《あす》より美濃《みの》の調略《ちょうりゃく》をまかす」

強敵今川《きょうてきいまがわ》を倒《たお》したいま、信長《のぶなが》の敵《てき》は美濃《みの》の斎藤氏《さいとうし》であった。

「美濃《みの》の調略《ちょうりゃく》を、このサルめに？」

調略《ちょうりゃく》とは、敵《てき》にたいしてはかりごとをするということだ。敵《てき》の家臣《かしん》のなかには、人知《ひとし》れず主《あるじ》に不満《ふまん》を持《も》っている者《もの》がいる。そういう相手《あいて》にひそかに接触《せっしょく》し、自分《じぶん》たちの味方《みかた》に引《ひ》き入《い》れろ。信長《のぶなが》はそう言《い》っているのだった。

「お前《まえ》はこの信長《のぶなが》に仕《つか》えるまでは尾張《おわり》のまわりの国々《くにぐに》を旅《たび》していたのだろう。美濃《みの》に知《し》っている者《もの》はいるか」

「おります。美濃《みの》の調略《ちょうりゃく》を手伝《てつだ》ってくれそうな国人《こくじん》も何人《なんにん》か知《し》っております」

国人《こくじん》とは、その土地《とち》に根《ね》ざしている、決《き》まった主君《しゅくん》を持《も》たない武士《ぶし》たちのことだった。土豪《どごう》や地侍《じざむらい》と呼《よ》ばれることもあった。

「たとえば、蜂須賀小六殿《はちすかころくどの》」

「小六《ころく》か、やつならわしも知《し》っておる。斎藤道三殿《さいとうどうさんどの》亡《な》きあと、あやつは織田《おだ》についてくれた」

信長《のぶなが》は美濃《みの》の大名《だいみょう》である斎藤道三《さいとうどうさん》の娘《むすめ》・濃姫《のうひめ》を妻《つま》に迎《むか》えていた。だが、義父《ぎふ》の道三《どうさん》は五年前《ねんまえ》に実《じつ》の息子《むすこ》である斎藤義龍《さいとうよしたつ》と国主《こくしゅ》の座《ざ》を争《あらそ》って討《う》たれていた。その義龍《よしたつ》もつい先日《せんじつ》、病《やまい》で亡《な》くなり、いまは息子《むすこ》の龍興《たつおき》が斎藤家《さいとうけ》を継《つ》いでいると聞《き》く。

「道三殿《どうさんどの》は義龍《よしたつ》に敗《やぶ》れる前《まえ》、お濃《のう》に、わしになにかあれば美濃《みの》は信長殿《のぶながどの》にゆずる、と言《い》っていたそうじゃ」

「承知《しょうち》しました。そのご遺言《ゆいごん》があれば、美濃《みの》の人々《ひとびと》も斎藤龍興《さいとうたつおき》ではなく織田《おだ》についてくださるでしょう」

「うむ。調略《ちょうりゃく》はだれでもできるものではない。たのむぞ、サル」

「はっ」

表《おもて》の様子《ようす》になにごとかと出《で》てきたねねたちが、「これはお館様《やかたさま》！」と信長《のぶなが》の姿《すがた》に仰天《ぎょうてん》した。

「めでたい日《ひ》じゃ。犬千代《いぬちよ》、お前《まえ》は残《のこ》ってサルの婚儀《こんぎ》の段取《だんど》りでもつけよ」

信長《のぶなが》は利家《としいえ》にそう命《めい》じると、馬《うま》にむちを入《い》れて城《しろ》へと帰《かえ》っていった。あとに残《のこ》った藤吉郎《とうきちろう》たちは、利家《としいえ》をくわえて結婚《けっこん》の前祝《まえいわ》いをすることにした。

「いやあ、めでたい。これで藤吉郎《とうきちろう》も一家《いっか》の長《ちょう》じゃ」

利家《としいえ》は、我《わ》がことのようによろこんでくれた。その横《よこ》で、藤吉郎《とうきちろう》もねねとともによろこびにひたっていた。

よろこびは、結婚《けっこん》が決《き》まったことだけではなかった。

――お館様《やかたさま》は、わしに美濃《みの》の調略《ちょうりゃく》という大役《たいやく》を命《めい》じられた。

それが藤吉郎《とうきちろう》にはなによりもうれしかった。

これまでも藤吉郎《とうきちろう》は信長《のぶなが》にみとめられ、台所奉行《だいどころぶぎょう》や石垣《いしがき》の修築《しゅうちく》など、大切《たいせつ》な役目《やくめ》をになってきた。しかし、それらはすべて城《しろ》のなかの話《はなし》で、外《そと》で活躍《かつやく》する機会《きかい》はなかった。

武士《ぶし》になった以上《いじょう》、主君《しゅくん》のために忠義《ちゅうぎ》を尽《つ》くしたい。

そのためには、やはり外《そと》に出《で》て働《はたら》きたかった。

――美濃《みの》の斎藤家《さいとうけ》は手強《てごわ》い。けれど、それだけ手柄《てがら》もたてがいがあるというものじゃ。

「ねね、わしはやるぞ！」

となりにいるねねに藤吉郎《とうきちろう》は言《い》った。

「わしが美濃《みの》をお館様《やかたさま》に献上《けんじょう》する」

「藤吉郎様《とうきちろうさま》が美濃《みの》を。まあ、これはおもしろい」

ねねはニコッと笑《わら》って、夫《おっと》となることが決《き》まった相手《あいて》を励《はげ》ました。

「どうぞ存分《ぞんぶん》にお働《はたら》きください」

4　墨俣城《すのまたじょう》

ねねと無事《ぶじ》に祝言《しゅうげん》をあげると、藤吉郎《とうきちろう》はさっそく動《うご》き出《だ》した。

藤吉郎《とうきちろう》が最初《さいしょ》にたずねたのは、尾張《おわり》の蜂須賀村《はちすかむら》の領主《りょうしゅ》である蜂須賀小六《はちすかころく》だった。

「なんだ藤吉郎《とうきちろう》、しばらく見《み》ないと思《おも》っていたら信長《のぶなが》に仕《つか》えておったか。着《き》ている服《ふく》も立《りっ》派《ぱ》になったの」

小六《ころく》は、野武士《のぶし》のような髭《ひげ》をなでながら、烏帽子《えぼし》に直垂《ひたたれ》という武士《ぶし》らしい装束《しょうぞく》に身《み》をつつんだ藤吉郎《とうきちろう》をニヤニヤと見《み》ていた。

「サルにも衣装《いしょう》じゃのう。お主《ぬし》もすっかり武士《ぶし》だな」

「おう、あのままここにおったらお主《ぬし》に飼《か》われて終《お》わっていたがな。運《うん》よく信長様《のぶながさま》にひろわれたんじゃ。いまのわしは織田信長様《おだのぶながさま》のサルじゃ」

小《ちい》さいとはいえ一城《いちじょう》の主《あるじ》である小六《ころく》にぞんざいな口《くち》がきけるのは、二人《ふたり》が身分《みぶん》や年齢《ねんれい》のちがいをこえた友人同士《ゆうじんどうし》だからだった。

次《つぎ》の主君《しゅくん》を求《もと》めて旅《たび》をしていた数年前《すうねんまえ》のことだ。藤吉郎《とうきちろう》は商品《しょうひん》の針《はり》を納《おさ》めるのに土地《とち》の豪商《ごうしょう》である生駒家《いこまけ》をたずねた。

そこで出会《であ》ったのが、同《おな》じように生駒家《いこまけ》を商売《しょうばい》の相手《あいて》としていた小六《ころく》だった。蜂須賀家《はちすかけ》は武家《ぶけ》であったが、木曽川《きそがわ》の水運《すいうん》を生《い》かしてさまざまな商売《しょうばい》をしていた。そのためか、小六《ころく》には武士《ぶし》らしいかた苦《くる》しさがなかった。

小六《ころく》は、どこが気《き》に入《い》ったのか、十歳以上《さいいじょう》も年下《としした》の藤吉郎《とうきちろう》とともだちになった。ともだちになるだけではなく、自分《じぶん》の家来《けらい》にならないかとさそってもくれた。だが藤吉郎《とうきちろう》は「わしは今度《こんど》だれかに仕《つか》えるなら、大名《だいみょう》その人《ひと》に仕《つか》える」とことわった。

「まさか本当《ほんとう》に大名《だいみょう》に仕《つか》えるとはな。しかも信長《のぶなが》とは、なかなか見《み》る目《め》があったな。今川《いまがわ》義元《よしもと》を討《う》ち果《は》たしたときは、わしもおどろいたわ」

「小六《ころく》、信長《のぶなが》、信長《のぶなが》、とお館様《やかたさま》を呼《よ》びすてにするな。だいたいお主《ぬし》だっていまは信長様《のぶながさま》にしたがっているではないか」

藤吉郎《とうきちろう》の言《い》うとおりだった。斎藤道三《さいとうどうさん》が敗死《はいし》したあと、小六《ころく》は美濃《みの》の斎藤家《さいとうけ》を見《み》かぎって、尾張《おわり》の織田《おだ》家《け》についた。信長《のぶなが》が尾張《おわり》を統一《とういつ》すると、そのまま信長《のぶなが》にしたがうようになった。

「信長《のぶなが》にいきおいがあるからしたがっているだけのことだ。わしらのような国人《こくじん》は、そのときそのときで強《つよ》い者《もの》につく。先祖代々《せんぞだいだい》、そうやって生《い》きのびてきたんじゃ」

「はっきり言《い》うな。だが、わしはお主《ぬし》のそういう正直《しょうじき》なところが好《す》きじゃ」

小六相手《ころくあいて》にかけひきは無用《むよう》だった。藤吉郎《とうきちろう》は、床《ゆか》に両手《りょうて》をついた。

「たのむ、小六《ころく》。わしに力《ちから》を貸《か》してくれ」

「なんだ。ひさしぶりに会《あ》ったかと思《おも》ったらあらたまって」

「わしは今日《きょう》、信長様《のぶながさま》の命《めい》でここに来《き》た」

その言葉《ことば》に、小六《ころく》の表情《ひょうじょう》がひきしまった。

「信長《のぶなが》の命《めい》でか。わしになにをしろというのだ」

「味方《みかた》を増《ふ》やしたい」

「……調略《ちょうりゃく》か」

「そうじゃ。お主《ぬし》は木曽川《きそがわ》の水運《すいうん》を通《つう》じて美濃《みの》に顔《かお》がきくはずじゃ。美濃《みの》の国人衆《こくじんしゅう》や斎藤《さいとう》家《け》の家臣《かしん》を織田方《おだがた》に引《ひ》き入《い》れたい。お館様《やかたさま》は斎藤道三様《さいとうどうさんさま》の仇《かたき》を討《う》つおつもりなのじゃ」

「わしも道三様《どうさんさま》にはかわいがられた。仇《かたき》は討《う》ちたい」

「ならば、わしらの目指《めざ》すところはいっしょじゃ」

「よし、わかった」

二人《ふたり》の会話《かいわ》はぽんぽんと進《すす》んだ。気《き》の合《あ》う証拠《しょうこ》だった。

「だが」と小六《ころく》が言《い》ったのは、話《はなし》がまとまったときだった。

「藤吉郎《とうきちろう》、わしは信長《のぶなが》から恩賞《おんしょう》をもらいたいとは思《おも》わないぞ」

「お館様《やかたさま》の恩賞《おんしょう》がいらないというのか。では、だれからの恩賞《おんしょう》ならもらうというのだ？」

「もらうなら、お主《ぬし》からもらいたい」

「わしからじゃと？」

「そうじゃ。わしのためにも出世《しゅっせ》しろよ、サル」

力《ちから》を貸《か》すと約束《やくそく》してくれた小六《ころく》は、さっそく前野長康《まえのながやす》をはじめとする国人衆《こくじんしゅう》を藤吉郎《とうきちろう》に紹介《しょうかい》してくれた。そのたびに藤吉郎《とうきちろう》は、持《も》ち前《まえ》の人《ひと》なつこさで相手《あいて》のふところにとびこんでいった。気《き》がつくと、尾張《おわり》、美濃《みの》の国境付近《こっきょうふきん》にいる国人《こくじん》やその配下《はいか》の地侍《じざむらい》たちの間《あいだ》で、木下藤吉郎《きのしたとうきちろう》の名前《なまえ》を知《し》らぬ者《もの》はだれもいなくなっていた。信長《のぶなが》はそんな藤吉郎《とうきちろう》の仕事《しごと》ぶりをみとめ、足軽大将《あしがるたいしょう》にしてくれた。

足軽大将《あしがるたいしょう》といえば、百人以上《にんいじょう》の足軽《あしがる》をひきいる部隊長《ぶたいちょう》だ。兜《かぶと》もかぶれるし、馬《うま》にも乗《の》れる。藤吉郎《とうきちろう》にとっては大出世《だいしゅっせ》だった。これを機《き》に、藤吉郎《とうきちろう》はより武将《ぶしょう》らしい名前《なまえ》がほしいと、書状《しょじょう》などには「秀吉《ひでよし》」という名《な》を使《つか》うようになった。

もっとも、信長自身《のぶながじしん》はともかく、肝心《かんじん》の織田家中《おだかちゅう》では藤吉郎《とうきちろう》の働《はたら》きをみとめる者《もの》は少《すく》なかった。

「調略《ちょうりゃく》など、槍働《やりばたら》きに自信《じしん》のない者《もの》の仕事《しごと》よ」

そう笑《わら》うのは、信長《のぶなが》の重臣《じゅうしん》の一人《ひとり》である柴田勝家《しばたかついえ》だった。勝家《かついえ》だけではない、家臣《かしん》の多《おお》くは戦場《せんじょう》で武功《ぶこう》をあげることこそいちばんの手柄《てがら》と信《しん》じてうたがわなかった。

——たしかに、出世《しゅっせ》したければ戦場《せんじょう》ではなばなしく活躍《かつやく》することじゃ。

藤吉郎《とうきちろう》も、それはわかっていた。だが、利家《としいえ》のような槍《やり》の使《つか》い手《て》ならまだしも、自分《じぶん》のような者《もの》が戦場《せんじょう》で名《な》のある敵《てき》の武将《ぶしょう》と一騎《いっき》打《う》ちで戦《たたか》ってその首《くび》をとれるかというと、それもまたむずかしく感《かん》じるのだった。

——わしにできるとしたら、戦場《せんじょう》においてもここを使《つか》うことじゃ。

藤吉郎《とうきちろう》は、こめかみを指《ゆび》でこつこつたたきながら思《おも》った。

——武功《ぶこう》がほしい。

だれにもけちをつけられないだけの武功《ぶこう》がほしい。

藤吉郎《とうきちろう》は、調略《ちょうりゃく》で仲間《なかま》をふやしながら、その機会《きかい》がおとずれるのをじっと待《ま》った。

藤吉郎《とうきちろう》が調略《ちょうりゃく》に汗《あせ》を流《なが》している間《あいだ》も、信長《のぶなが》は美濃《みの》を攻《せ》めつづけていた。美濃《みの》は尾張《おわり》の四倍近《ばいちか》い広《ひろ》い国《くに》だったが、斎藤氏《さいとうし》が拠点《きょてん》とする稲葉山城《いなばやまじょう》さえ落《お》としてしまえば勝負《しょうぶ》は決《けっ》するはずだった。

しかし、織田軍《おだぐん》は稲葉山城《いなばやまじょう》を攻《せ》めるどころか、その近《ちか》くに行《い》くことすらかなわずにいた。斎藤軍《さいとうぐん》もそうだが、邪魔《じゃま》をしていたのは美濃《みの》を流《なが》れる長良川《ながらがわ》だった。ことに城《しろ》の三里《り》ほど手前《てまえ》にある墨俣《すのまた》には川《かわ》の近《ちか》くに砦《とりで》があって、これが目《め》の上《うえ》のたんこぶとなっていた。

その墨俣《すのまた》の砦《とりで》を、織田軍《おだぐん》はやっとのことで落《お》とした。永禄九年《えいろくねん》（一五六六年《ねん》）のことだった。信長《のぶなが》はすぐさま破壊《はかい》された砦《とりで》を、より強力《きょうりょく》で大《おお》きな城《しろ》にしようと、重臣《じゅうしん》の佐久間《さくま》信盛《のぶもり》や柴田勝家《しばたかついえ》に修理《しゅうり》を命《めい》じた。しかし……。

「……信盛《のぶもり》、勝家《かついえ》、そちたちはいったいなにをやっておるのじゃ！」

バチン、と閉《と》じた扇子《せんす》が信長《のぶなが》の手《て》の平《ひら》で鳴《な》った。

小牧山城内《こまきやまじょうない》の戦評定《いくさひょうじょう》の場《ば》だった。広間《ひろま》には、信長《のぶなが》のほか、柴田勝家《しばたかついえ》や佐久間信盛《さくまのぶもり》、丹羽《にわ》長秀《ながひで》など織田家《おだけ》の重臣《じゅうしん》たちが顔《かお》をそろえていた。が、重臣《じゅうしん》たちの顔色《かおいろ》はそろってさえなかった。

「おそれながら」

佐久間信盛《さくまのぶもり》が額《ひたい》に汗《あせ》をうかべながら言《い》った。

「墨俣《すのまた》の地《ち》は敵《てき》から丸見《まるみ》えでござる。こちらが城《しろ》に手《て》をつけようとすると、敵《てき》もすぐさま兵《へい》をくり出《だ》してきます。これでは城《しろ》はおろか、もとあった砦《とりで》すらなおすことができませぬ」

「信盛《のぶもり》、うぬはそれでおめおめ逃《に》げ帰《かえ》ってきたか」

「お館様《やかたさま》」

今度《こんど》は柴田勝家《しばたかついえ》が口《くち》を開《ひら》いた。信長《のぶなが》はじろりと相手《あいて》をにらんだ。

「なんだ権六《ごんろく》」

権六《ごんろく》は勝家《かついえ》の通称《つうしょう》だった。

「墨俣《すのまた》の地《ち》は二本《ほん》の川《かわ》にはさまれており申《もう》す。なるほど、大軍《たいぐん》をもって砦《とりで》を守《まも》りながら築城《ちくじょう》を進《すす》めればよいかもしれませぬが、砦《とりで》のまわりはあいにく足場《あしば》が悪《わる》く軍勢《ぐんぜい》をとどめることができませぬ。強引《ごういん》に踏《ふ》みとどまろうものなら……」

「うぬのように敵《てき》に横腹《よこばら》を突《つ》かれ、さんざんに負《ま》けて織田《おだ》の名《な》を地《ち》に落《お》とすか」

「ぐっ」

本当《ほんとう》のことを言《い》われて、勝家《かついえ》はうつむいた。

「だれぞ、われこそは墨俣《すのまた》に城《しろ》を築《きず》かんという者《もの》はおらんのか！」

信長《のぶなが》の怒声《どせい》に、評定《ひょうじょう》の場《ば》は静《しず》まりかえっていた。藤吉郎《とうきちろう》は、広間《ひろま》の外《そと》の廊下《ろうか》から様子《ようす》をうかがっていた。

――佐久間様《さくまさま》、柴田様《しばたさま》、戦上手《いくさじょうず》のお二人《ふたり》がそろって失敗《しっぱい》なさるとは、これではほかのだれがやっても同《おな》じだろう。

みんなそれがわかっているらしく、列席《れっせき》している重臣《じゅうしん》たちはだれも進《すす》んで名乗《なの》りをあげようとはしない。重臣《じゅうしん》たちがこれだから、利家《としいえ》や佐々成政《さっさなりまさ》、池田恒興《いけだつねおき》、河尻秀隆《かわじりひでたか》などの若《わか》い家臣《かしん》たちも口《くち》を真一文字《まいちもんじ》に結《むす》んでいるだけであった。

――だが、わしだったら……。

待《ま》ち望《のぞ》んでいた武功《ぶこう》を立《た》てる機会《きかい》だった。

藤吉郎《とうきちろう》は、ひざをついたまま廊下《ろうか》を進《すす》んで信長《のぶなが》の正面《しょうめん》に出《で》た。

「おそれながら申《もう》しあげます」

藤吉郎《とうきちろう》の声《こえ》に、全員《ぜんいん》がふり向《む》いた。

「サルか。申《もう》してみよ」

「墨俣築城《すのまたちくじょう》の儀《ぎ》、この木下藤吉郎《きのしたとうきちろう》におまかせくだされ」

場《ば》が凍《こお》りついた。近《ちか》くにいた利家《としいえ》が、口《くち》をパクパクさせてこううったえていた。

〈藤吉郎《とうきちろう》、なにをばかなことを言《い》っておるんじゃ！〉

利家《としいえ》の言《い》うとおり、ばかなことかもしれない。けれど、ばかなことでもしないかぎり、出世《しゅっせ》はのぞめなかった。墨俣《すのまた》に織田軍《おだぐん》の城《しろ》ができれば、稲葉山城《いなばやまじょう》は目《め》と鼻《はな》の先《さき》だ。敵《てき》の大《たい》将《しょう》である斎藤龍興《さいとうたつおき》はまだ若《わか》い。二年前《ねんまえ》には油断《ゆだん》したところを家臣《かしん》の竹中半兵衛《たけなかはんべえ》に城《しろ》を乗《の》っ取《と》られたりもしている。つけいるすきは十分《じゅうぶん》にあるはずだった。

「サル、足軽大将《あしがるたいしょう》風情《ふぜい》がなにを申《もう》すか。分《ぶ》をわきまえろ！」

勝家《かついえ》が怒鳴《どな》った。

「権六《ごんろく》、だまれ！」

信長《のぶなが》の一喝《いっかつ》に、勝家《かついえ》は「しかし、お館様《やかたさま》」とくいさがった。

「この者《もの》に動《うご》かせる兵《へい》はせいぜい百か百五十。これでは全員討《ぜんいんう》ち取《と》られてしまいますぞ」

「兵《へい》なら、この信長《のぶなが》が貸《か》してやろう」

その一言《ひとこと》に、藤吉郎《とうきちろう》はぱっと顔《かお》をかがやかせた。

「では、お館様《やかたさま》」

「うむ。やってみるがいい。して、兵《へい》はどれほどいる。千《せん》か、二千《せん》か」

「おそれながら、いりませぬ」

「なんだと？」

「兵《へい》のかわりに、銭《ぜに》をくだされ」

藤吉郎《とうきちろう》の言葉《ことば》に、信長《のぶなが》は「ふっ」と笑《わら》った。意味《いみ》が通《つう》じたようだった。

「なんじゃ、こやつは。まさか敵《てき》に銭《ぜに》を渡《わた》して砦《とりで》を売《う》ってくれとでもたのむつもりか」

勝家《かついえ》は「これは笑止《しょうし》」と笑《わら》った。信長《のぶなが》は勝家《かついえ》を無視《むし》して言《い》った。

「よかろう。好《す》きなだけ銭《ぜに》を渡《わた》す。ただし、できぬ場合《ばあい》は覚悟《かくご》せよ」

「はっ。墨俣《すのまた》に城《しろ》が築《きず》けねば、このサルの腹《はら》、かっさばいておわびいたします！」

藤吉郎《とうきちろう》は、評定《ひょうじょう》の場《ば》をあとにすると、すぐさま金蔵《かねぐら》から金銀《きんぎん》を受《う》け取《と》り、馬《うま》に乗《の》った。

目指《めざ》すは蜂須賀城《はちすかじょう》だった。

この数年《すうねん》の間《あいだ》に、藤吉郎《とうきちろう》は小六《ころく》をはじめ、尾張《おわり》、美濃《みの》にいる地侍《じざむらい》たちから信頼《しんらい》を寄《よ》せられるようになっていた。土地《とち》にくわしい彼《かれ》らの力《ちから》を利用《りよう》すれば、斎藤方《さいとうがた》の目《め》をあざむいて墨俣《すのまた》に城《しろ》を築《きず》けそうだった。

「一日《にち》で城《しろ》を築《きず》きたいじゃと？」

小六《ころく》は、とびこんできた藤吉郎《とうきちろう》の話《はなし》を聞《き》くと仰天《ぎょうてん》した。

「そうじゃ。敵《てき》に気《き》づかれぬようにするには夜《よる》のうちに工事《こうじ》を進《すす》めなくちゃならん」

「お主《ぬし》、そんなばかな役目《やくめ》を自分《じぶん》からおおせつかってきたのか」

「ばかな役目《やくめ》だからこそ、成功《せいこう》すれば大手柄《おおてがら》になるんじゃ。わしに策《さく》がある。聞《き》いてくれ」

藤吉郎《とうきちろう》は、来《く》る道《みち》すがら考《かんが》えた策《さく》を小六《ころく》に伝《つた》えた。

「まずは山《やま》から木《き》を切《き》り出《だ》し、川《かわ》の上流《じょうりゅう》であらかじめ柵《さく》の形《かたち》に組《く》んでおくのじゃ。組《く》んだ柵《さく》はそのまま筏《いかだ》にして墨俣《すのまた》まで流《なが》す。もとは砦《とりで》のあった場所《ばしょ》じゃ。縄張《なわば》りなどはそのままでよい。柵《さく》に組《く》んだ丸太《まるた》をばんばん土塁《どるい》の上《うえ》に突《つ》きさしていくんだ。夜《よる》のうちに行《おこな》えば、敵《てき》が気《き》づいた頃《ころ》には城《しろ》はできあがっておる」

「なるほどのう。その策《さく》ならできそうじゃ」

「大事《だいじ》なのは、木《き》を切《き》り出《だ》して柵《さく》に組《く》むときに敵《てき》に見《み》つからぬことよ」

「おやすい御用《ごよう》よ。美濃《みの》は材木《ざいもく》を諸国《しょこく》に売《う》ってうるおっている土地《とち》じゃ。丸太《まるた》を筏《いかだ》に組《く》んだとて、だれもあやしんだりはせん」

小六《ころく》はすぐさま仲間《なかま》に声《こえ》をかけ、二千人《せんにん》もの地侍《じざむらい》を集《あつ》めてくれた。集《あつ》まった者《もの》たちには、

藤吉郎《とうきちろう》が小牧山城《こまきやまじょう》から持《も》ってきた銭《ぜに》がくばられた。出陣前《しゅつじんまえ》から褒美《ほうび》をもらった地侍《じざむらい》たちの士気《しき》はおおいに高《たか》まった。勝家《かついえ》は笑《わら》いとばしたが、信長《のぶなが》は藤吉郎《とうきちろう》が銭《ぜに》をつかってなにをするか見《み》ぬいていた。その思惑《おもわく》どおり、二千《せん》の地侍《じざむらい》たちは藤吉郎《とうきちろう》の下《した》にまとまったのだった。

「皆《みな》、城《しろ》ができたあかつきにはさらなる褒美《ほうび》が待《ま》っていると思《おも》え。それ、かかれ！」

藤吉郎《とうきちろう》の号令《ごうれい》に、二千《せん》の男《おとこ》たちは川沿《かわぞ》いの山《やま》から木材《もくざい》を切《き》り出《だ》した。切《き》られた木《き》はすぐに枝《えだ》がはらわれ、丸太《まるた》となって斜面《しゃめん》をすべり落《お》ちて河原《かわら》に出《で》た。丸太《まるた》はすぐにのこぎりでひかれ、柵《さく》や矢倉《やぐら》の長《なが》さに調節《ちょうせつ》された。そして太《ふと》い縄《なわ》で組《く》まれ、次々《つぎつぎ》に墨俣《すのまた》へと川《かわ》を下《くだ》っていった。稲葉山城《いなばやまじょう》の斎藤方《さいとうがた》は、その動《うご》きをまったく感知《かんち》できなかった。

事《こと》を知《し》って斎藤方《さいとうがた》の兵《へい》がやってきたときには、前《まえ》の戦《いくさ》で使《つか》い物《もの》にならなくなっていた墨《すの》俣砦《またとりで》はあらたな城《しろ》としてよみがえっていた。藤吉郎《とうきちろう》は、近《ちか》づく敵《てき》を柵《さく》の内側《うちがわ》から弓《ゆみ》や鉄砲《てっぽう》で追《お》いはらった。

「やったぞ。これで美濃《みの》は半分手《はんぶんて》に入《い》れたようなものじゃ！」

よろこんでいる藤吉郎《とうきちろう》のもとに、報《ほう》を聞《き》いて、さっそく信長《のぶなが》も駆《か》けつけた。

「でかしたぞ、サル！　これからは侍大将《さむらいだいしょう》とする」

だれが見《み》ても、文句《もんく》のつけようのない武功《ぶこう》だった。

藤吉郎《とうきちろう》はこのとき三十歳《さい》になっていた。十八歳《さい》で織田《おだ》家《け》の馬屋番《うまやばん》となった百姓《ひゃくしょう》出《で》の青年《せいねん》が、十二年《ねん》で数《すう》百の兵《へい》を指揮《しき》する侍大将《さむらいだいしょう》となったのだ。

「藤吉郎《とうきちろう》、いや、これからは侍大将《さむらいだいしょう》らしく秀吉《ひでよし》と呼《よ》ぼう」

小六《ころく》は「秀吉《ひでよし》、お主《ぬし》には天運《てんうん》があるようじゃ。わしはお主《ぬし》がどこまでのぼりつめるか見《み》てみたい」と、このときから藤吉郎《とうきちろう》の家臣《かしん》となった。

「おお、小六《ころく》。この木下藤吉郎秀吉《きのしたとうきちろうひでよし》といるかぎり損《そん》はさせんぞ！」

強力《きょうりょく》な仲間《なかま》を得《え》て、藤吉郎《とうきちろう》＝秀吉《ひでよし》は心強《こころづよ》かった。

――信長様《のぶながさま》に仕《つか》えてよかった。

このお方《かた》のためなら命《いのち》を張《は》ろう。なんだってしようではないか。

秀吉《ひでよし》の決意《けつい》は、やがて主君信長《しゅくんのぶなが》の命《いのち》を救《すく》うことになるのだった。

5　金ヶ崎《かねがさき》の退《の》き口《ぐち》

秀吉《ひでよし》が墨俣《すのまた》に城《しろ》を築《きず》いた翌永禄《よくえいろく》十年《ねん》（一五六七年《ねん》）、信長《のぶなが》はついに稲葉山城《いなばやまじょう》を落《お》とした。

斎藤龍興《さいとうたつおき》は逃亡《とうぼう》し、美濃《みの》は織田領《おだりょう》となった。

あらたに「岐阜城《ぎふじょう》」と改名《かいめい》した稲葉山城《いなばやまじょう》を居城《きょじょう》とした信長《のぶなが》はしきりに京《きょう》の都《みやこ》をうかがうようになっていた。

「お前様《まえさま》、聞《き》きましたか。お市様《いちさま》が北近江《きたおうみ》の浅井長政様《あざいながまささま》のところに輿入《こしい》れするそうですよ」

美濃《みの》との戦《いくさ》に明《あ》け暮《く》れていた秀吉《ひでよし》がひさしぶりに家《いえ》に帰《かえ》ると、ねねが言《い》った。

「いよいよか。うわさには聞《き》いておったが、やはりお館様《やかたさま》は本気《ほんき》だったのだな」

お市《いち》は信長《のぶなが》の妹《いもうと》だ。その美貌《びぼう》は織田家中《おだかちゅう》でもよく知《し》られていて、城下《じょうか》の若《わか》い女性《じょせい》たちの間《あいだ》ではあこがれの存在《そんざい》となっていた。秀吉《ひでよし》もねねと出会《であ》う前《まえ》は、高嶺《たかね》の花《はな》と知《し》りながら気《き》になってならない相手《あいて》であった。

「浅井長政様《あざいながまささま》のところにお市様《いちさま》を輿入《こしい》れさせるということは、つまりお館様《やかたさま》は京《きょう》に上《のぼ》られるということだ」

「お館様《やかたさま》は前《まえ》にも京《きょう》には上《のぼ》られているではないですか」

「あのときとはわけがちがう。いまのお館様《やかたさま》は尾張美濃《おわりみの》二ヶ国《にかこく》を領《りょう》する大大名《だいだいみょう》じゃ。京《きょう》に上《のぼ》られ、天下《てんか》に号令《ごうれい》するおつもりなのかもしれん」

京《きょう》に上《のぼ》るには、美濃《みの》と京《きょう》の間《あいだ》にある近江《おうみ》を通《とお》らねばならない。その近江《おうみ》には浅井《あざい》や六角《ろっかく》といった大名《だいみょう》がいる。浅井長政《あざいながまさ》とお市《いち》の婚儀《こんぎ》は、浅井家《あざいけ》と織田家《おだけ》が同盟《どうめい》を結《むす》ぶことを意味《いみ》した。はやい話《はなし》、お市《いち》は兄《あに》が軍勢《ぐんぜい》を率《ひき》いて京《きょう》に上《のぼ》るための道《みち》を開《ひら》いたのだった。

「京《きょう》に上《のぼ》られるとはいっても……」

ねねは首《くび》をかしげた。

「前《まえ》に京《きょう》でお館様《やかたさま》と会《あ》われた将軍様《しょうぐんさま》はお討《う》たれになってしまわれたのでしょう」

この二年前《ねんまえ》、室町幕府《むろまちばくふ》第《だい》十三代将軍《だいしょうぐん》の足利義輝《あしかがよしてる》は、京《きょう》の都《みやこ》で将軍家《しょうぐんけ》になりかわって実権《じっけん》をふるっていた三好長逸《みよしながゆき》、三好宗渭《みよしそうい》、岩成友通《いわなりともみち》の「三好《みよし》三人衆《にんしゅう》」らによって殺《ころ》されていた。

「将軍様《しょうぐんさま》が討《う》たれるとは、世《よ》も末《すえ》ですね」

「まったくじゃ。美濃《みの》攻《ぜ》めに手間《てま》どっているうちにこんなことになってしまった。だが足《あし》利将軍家《かがしょうぐんけ》には義輝様《よしてるさま》の弟《おとうと》の義昭様《よしあきさま》がおる。お館様《やかたさま》はおそらく他国《たこく》にいる義昭様《よしあきさま》を織田家《おだけ》に迎《むか》え入《い》れ、ともに京都《きょうと》に上《のぼ》られるおつもりなのだろう」

「なるほど、足利義輝様《あしかがよしてるさま》の仇《かたき》討《う》ちというわけですね」

「そういうわけだ。わしらもはげまねばな」

秀吉《ひでよし》の言《い》うとおりだった。

次《つぎ》の年《とし》、信長《のぶなが》は義弟《ぎてい》となった浅井長政《あざいながまさ》と協力《きょうりょく》し、大軍《たいぐん》を率《ひき》いて足利義昭《あしかがよしあき》とともに上洛《じょうらく》を果《は》たした。三好三人衆《みよしさんにんしゅう》はろくに戦《たたか》いもせずに京《きょう》から逃《に》げ出《だ》し、義昭《よしあき》は信長《のぶなが》を後《うし》ろ盾《だて》に将軍《しょうぐん》となった。山城《やましろ》や摂津《せっつ》など、京《きょう》のまわりの国々《くにぐに》にいた大名《だいみょう》や豪族《ごうぞく》たちの多《おお》くは、あたらしい将軍《しょうぐん》と、その背後《はいご》にいる信長《のぶなが》にしたがう姿勢《しせい》を示《しめ》した。それにあわせて、秀吉《ひでよし》は信長《のぶなが》から丹羽長秀《にわながひで》や明智光秀《あけちみつひで》とともに京《きょう》の都《みやこ》の警護《けいご》にあたるよう命《めい》じられた。

信長《のぶなが》のねらいは、義昭《よしあき》の名《な》のもとに天下《てんか》を治《おさ》めることであった。

だが、京都《きょうと》に上《のぼ》って義昭《よしあき》を将軍《しょうぐん》にしただけでは、まわりの大名《だいみょう》たちはしたがってはくれない。室町幕府《むろまちばくふ》が日本全国《にほんぜんこく》をひとつにまとめていたのは、もはや昔《むかし》のこと。世《よ》は大名同士《だいみょうどうし》が力《ちから》を競《きそ》いあう戦国時代《せんごくじだい》だった。大名《だいみょう》たちはすきあらばほかの大名《だいみょう》を滅《ほろ》ぼして領地《りょうち》を拡大《かくだい》しようとしていたし、もともと尾張《おわり》の守護職《しゅごしょく》でもなかった織田家《おだけ》を下《した》に見《み》ている者《もの》もいた。

越前《えちぜん》の朝倉義景《あさくらよしかげ》もその一人《ひとり》だった。義景《よしかげ》は上洛《じょうらく》し、将軍《しょうぐん》となった義昭《よしあき》にあいさつをするようにという使者《ししゃ》を出《だ》しても、まったく応《おう》じようとはしなかった。そればかりか、信長《のぶなが》に敵対《てきたい》する姿勢《しせい》を見《み》せた。

「朝倉《あさくら》を攻《せ》めるぞ」

堪忍袋《かんにんぶくろ》の緒《お》が切《き》れた信長《のぶなが》は、秀吉《ひでよし》たち諸将《しょしょう》を集《あつ》めると出陣《しゅつじん》を命《めい》じた。ただし、ひとつ問《もん》題《だい》があった。

「お館様《やかたさま》、浅井長政様《あざいながまささま》とのお約束《やくそく》はどうされます？」

秀吉《ひでよし》がたずねると、信長《のぶなが》はジロリとにらんできた。

「そうです。浅井長政様《あざいながまささま》とは朝倉《あさくら》を攻《せ》めぬという約束《やくそく》をされているはず」

横《よこ》からそう言《い》ったのは明智光秀《あけちみつひで》だった。光秀《みつひで》は、以前《いぜん》は朝倉義景《あさくらよしかげ》の家臣《かしん》だったが、いまは織田家《おだけ》の重臣《じゅうしん》の一人《ひとり》になっていた。

信長《のぶなが》は光秀《みつひで》のこともにらんだ。

「お前《まえ》たちが言《い》うように、浅井《あざい》と朝倉《あさくら》は古《ふる》くからよしみを通《つう》じている仲《なか》だ」

浅井《あざい》にとって織田《おだ》は同盟相手《どうめいあいて》。しかし朝倉《あさくら》にも義理《ぎり》がある。だから信長《のぶなが》と組《く》むときに「朝倉《あさくら》は攻《せ》めぬこと」という条件《じょうけん》を出《だ》したのだった。

「だが、朝倉《あさくら》はこちらの言《い》うことをいっこうに聞《き》かぬ。こうなれば攻《せ》めるほかない。浅井《あざい》長政《ながまさ》も承知《しょうち》するだろう」

元亀元年《げんきがんねん》（一五七〇年《ねん》）四月《がつ》、京《きょう》に集《あつ》まった三万《まん》の軍勢《ぐんぜい》は、北《きた》の越前《えちぜん》めざして出陣《しゅつじん》した。

十年前《ねんまえ》の桶狭間《おけはざま》の戦《いくさ》の頃《ころ》は三千《せん》を集《あつ》めるのがやっとだった信長《のぶなが》だったが、いまやその手兵《しゅへい》は当時《とうじ》の数倍《すうばい》にふくれあがっていた。そのなかには同盟軍《どうめいぐん》である三河《みかわ》の徳川家康《とくがわいえやす》の軍勢《ぐんぜい》もふくまれていた。

五日後《かご》、織田軍《おだぐん》は越前領《えちぜんりょう》に入《はい》り、朝倉方《あさくらがた》の金ヶ崎城《かねがさきじょう》を落《お》とした。見《み》ていると、領内《りょうない》にふみこまれたというのに、敵《てき》の戦意《せんい》はあまり高《たか》くなかった。

「朝倉家《あさくらけ》は何代《なんだい》もつづく北陸《ほくりく》の名門《めいもん》。当主《とうしゅ》の義景《よしかげ》は誇《ほこ》り高《たか》い男《おとこ》と聞《き》いていたが、ここぞというときに動《うご》くことができないぼんくらのようだな。この戦《いくさ》、思《おも》ったよりもはやく片付《かたづ》くかもしれんな」

秀吉《ひでよし》の陣《じん》では、小六《ころく》が戦況《せんきょう》をそう評《ひょう》していた。小六《ころく》だけではない。信長《のぶなが》の本陣《ほんじん》でも、集《あつ》まった諸将《しょしょう》は勝利《しょうり》を信《しん》じて疑《うたが》わなかった。浅井《あざい》との約束《やくそく》を破《やぶ》ったことを心配《しんぱい》しているのは秀吉《ひでよし》と光秀《みつひで》くらいだった。

「小六《ころく》、たしかに朝倉義景《あさくらよしかげ》はたいした男《おとこ》ではなさそうだが、それでも配下《はいか》の兵《へい》は二万《まん》はおる。なめてかからぬほうがいいぞ」

「わかっておるわ。美濃《みの》攻《ぜ》めのときも斎藤龍興《さいとうたつおき》は若《わか》いのに手強《てごわ》かった。手強《てごわ》くない敵《てき》などおらぬことは知《し》っておる」

そんな話《はなし》をしているところに、本陣《ほんじん》から「至急《しきゅう》、お館様《やかたさま》のもとにまいられたし」と伝令《でんれい》がきた。秀吉《ひでよし》は「ほら、なにか起《お》きたぞ」と座《すわ》っていた床几《しょうぎ》から立《た》ちあがった。

「秀吉《ひでよし》、手柄《てがら》になりそうな話《はなし》だったら迷《まよ》わず名乗《なの》りをあげろよ」

行こうとする秀吉に小六が言った。

「戦場で手柄になりそうな話というのは、たいていは墨俣城のときのように死ぬか生きる
かといった話だぞ」

「かまわん。わしはこの命、お主にくれてやったんだ。城攻めの先陣でもなんでも受けて
こい。ほかのやつに出し抜かれるなよ」

いあわせた家臣たちも「そうじゃそうじゃ」とけしかけてきた。小六と同じく墨俣築城
に力を尽くした前野長康に、秀吉の弟の小一郎、ねねの伯父の杉原家次と義弟の浅野長
吉、信長から秀吉に仕えるようにと言われてやってきた堀尾吉晴、中村一氏、仙石秀久な
ど、侍大将になったいまは秀吉も何人かの直臣を持つ身となっていた。そして、彼らの下には
にいれば自分も出世できるだろうと思って集まった者たちだった。みんな秀吉のもと
数百の部下たちがいた。

——わしが出世すれば、みんなの暮らしも豊かになる。

子どもの頃は、武士になることだけを夢見ていた。母親に楽をさせたい、親孝行がした
いという思いはあったが、なによりもまずは自分が自分の足で立つことが先決だった。
あれから十数年、気がつくと秀吉は一軍の将となっていた。もはや自分のことだけ考え

ていればいいわけではない。

――家臣《かしん》たちのためにも、わしは出世《しゅっせ》しなければならんのだ。出世《しゅっせ》するには武功《ぶこう》を立《た》てねばならない。武功《ぶこう》を立《た》てれば恩賞《おんしょう》がもらえる。たくさんの土地《とち》や金《かね》が手《て》に入《はい》る。そうすれば、家臣《かしん》たちにもそれを分《わ》けてやれるし、あたらしい家臣《かしん》をやとうこともできる。そうやって力《ちから》をつければつけるほど、お館様《やかたさま》への忠義《ちゅうぎ》も果《は》たせる。自分《じぶん》が信長《のぶなが》に忠義《ちゅうぎ》を尽《つ》くせば、家臣《かしん》たちもそれをみならって自分《じぶん》に忠義《ちゅうぎ》を尽《つ》くしてくれるはずだ。

――わしはまちがっておらんはずじゃ。まず第一《だいいち》に、お館様《やかたさま》への忠義《ちゅうぎ》。次《つぎ》に、この命《いのち》を惜《お》しまぬこと。そうすれば、なにもかもが自然《しぜん》とうまくいくはずじゃ。うまくいった先《さき》になにが待《ま》っているのか。いまの秀吉《ひでよし》にはそれも見《み》えていた。

――わしがひたすらはげめば、お館様《やかたさま》はいつか城《しろ》をくださるじゃろう。大名《だいみょう》に取《と》りたててくれるじゃろう。そうしたら、その城《しろ》にねねやおっかあを呼《よ》んで、みんなで楽《たの》しく暮《く》らすのじゃ。

「お前《まえ》たち、本当《ほんとう》に命《いのち》は惜《お》しくないんだな」

出《で》かけぎわ、秀吉《ひでよし》はふりかえって小六《ころく》たちにきいた。

「くどい。惜《お》しくはないわ。惜《お》しいのは手柄《てがら》を逃《のが》すことよ」

小六《ころく》が言《い》うと、家臣《かしん》たちは「はやく行《い》きなされ」と秀吉《ひでよし》を陣《じん》から追《お》い立《た》てた。


「なんですと！」

信長《のぶなが》の本陣《ほんじん》に行《い》った秀吉《ひでよし》は、伝令《でんれい》がもたらしたという報《ほう》に、あやうく尻《しり》もちをつきそうになった。

「浅井長政様《あざいながまささま》が裏切《うらぎ》ったというのですか？」

おどろいてはいたが、「やはり」という気持《きも》ちもどこかにあった。

「それはまことでございますか」

「まことです」

勢《せい》ぞろいした重臣《じゅうしん》たちのなかで答《こた》えたのは、松永久秀《まつながひさひで》だった。

「それがしの手《て》の者《もの》が小谷城《おだにじょう》の浅井《あざい》の動《うご》きがおかしいと知《し》らせてきました。ひそかに軍勢《ぐんぜい》をくり出《だ》した、と。おそらく朝倉《あさくら》とはかって、われらをはさみうちにしようと考《かんが》えているのでは」

浅井家《あざいけ》の居城《きょじょう》である小谷城《おだにじょう》は琵琶湖《びわこ》の東側《ひがしがわ》にある。そこからこちらに向《む》かってこられれば、織田軍《おだぐん》は久秀《ひさひで》の言《い》うとおり、はさみうちにされてしまう。

「うーん、松永殿《まつながどの》の話《はなし》ならば、まちがいはなさそうですな」

久秀《ひさひで》は、かつては三好《みよし》三人衆《にんしゅう》と行動《こうどう》をともにしていたが、足利義昭《あしかがよしあき》の上洛《じょうらく》にあわせ信長《のぶなが》にしたがった人物《じんぶつ》だった。戦《いくさ》はどれほど上手《じょうず》かわからないが、長《なが》い間《あいだ》、京《きょう》の都《みやこ》で政治《せいじ》にかかわっていただけあって、その情報収集力《じょうほうしゅうしゅうりょく》はほかの武将《ぶしょう》をひきはなしていた。

「織田殿《おだどの》、いかがなさる?」

徳川家康《とくがわいえやす》がきいた。家康《いえやす》は秀吉《ひでよし》より五歳年下《さいとしした》の若《わか》い大名《だいみょう》だった。

「……長政《ながまさ》めが」

無表情《むひょうじょう》だった信長《のぶなが》の目尻《めじり》がぴくぴくとふるえていた。

「なんのためにお市《いち》を嫁《とつ》がせたのか。それもわからぬ慮外者《りょがいもの》だったとは」

信長《のぶなが》には、目《め》の前《まえ》の問題《もんだい》よりも浅井長政《あざいながまさ》その人《ひと》への怒《いか》りのほうが大《おお》きいようだった。

──お館様《やかたさま》が、本気《ほんき》で怒《おこ》っておられる。

秀吉《ひでよし》は身《み》ぶるいした。信長《のぶなが》は普段《ふだん》でもよく怒《おこ》る。短気《たんき》になって家臣《かしん》を怒鳴《どな》りちらすことがある。ただ、そうした怒《いか》りはすぐにおさまる。信長本人《のぶながほんにん》も心《こころ》から怒《おこ》っているわけではない。しかし、今回《こんかい》はちがった。さけんだりはせず、つぶやくように小《ちい》さな声《こえ》でいるのがかえって怒《いか》りをあらわしていた。

本陣《ほんじん》はしんと静《しず》まりかえっていた。集《あつ》まっていただれもが、信長《のぶなが》の次《つぎ》の一言《ひとこと》を待《ま》ってい
た。

「馬《うま》をひけ」

信長《のぶなが》はかたわらにいる小姓《こしょう》に命《めい》じた。

「これより陣《じん》をはらう。全軍《ぜんぐん》、浅井《あざい》が来《く》る前《まえ》に京《きょう》にもどるぞ。出直《でなお》しじゃ！」

「はさみうちになる前《まえ》に京《きょう》にしりぞかれると？」

柴田勝家《しばたかついえ》がきいた。

「しかし、そうなると朝倉《あさくら》が追《お》い討《う》ちをかけてきますぞ」

丹羽長秀《にわながひで》の言葉《ことば》に、「で、あろうな」と信長《のぶなが》は言《い》った。

そのときだった。

「お館様《やかたさま》！」

信長《のぶなが》の前《まえ》に進《すす》み出《で》てひざまずいたのは、自分《じぶん》だけではなかった。

「なんじゃ、サル、光秀《みつひで》」

信長《のぶなが》は名乗《なの》りをあげた秀吉《ひでよし》と光秀《みつひで》を見《み》た。

「殿軍《でんぐん》はそれがしにおまかせください」

示《しめ》しあわせたかのような声《こえ》のそろい具合《ぐあい》だった。「殿軍《でんぐん》」とは、こうした退却戦《たいきゃくせん》のときに味方《みかた》の最後尾《さいこうび》を受《う》け持《も》って敵《てき》の追撃《ついげき》を防《ふせ》ぐ部隊《ぶたい》のことであった。うまくいけば全軍《ぜんぐん》を救《すく》う大手柄《おおてがら》を立《た》てることができるかわりに、へたをすれば全滅《ぜんめつ》しかねない危険《きけん》な役目《やくめ》だった。

──明智光秀殿《あけちみつひでどの》も同《おな》じことを考《かんが》えておられたか。

無理《むり》もない、と秀吉《ひでよし》は思《おも》った。明智光秀《あけちみつひで》は信長《のぶなが》の家臣《かしん》になってまだ日《ひ》が浅《あさ》い。はやいうちに武功《ぶこう》をたてて主君《しゅくん》の信頼《しんらい》を勝《か》ち得《え》たいという気持《きも》ちはよくわかる。

はたして信長《のぶなが》は自分《じぶん》と光秀《みつひで》と、どちらを選《えら》ぶか。秀吉《ひでよし》は顔《かお》をあげて信長《のぶなが》の目《め》を見《み》た。信《のぶ》長《なが》は無表情《むひょうじょう》だったが、その瞳《ひとみ》の中心《ちゅうしん》には自分《じぶん》の姿《すがた》がうつっていた。

「あいや待《ま》たれい！」

そこへ、もう一人《ひとり》進《すす》み出《で》た男《おとこ》がいた。京《きょう》の都《みやこ》に近《ちか》い摂津《せっつ》の大名《だいみょう》である池田勝正《いけだかつまさ》だった。勝正《かつまさ》は松永久秀《まつながひさひで》のように、やはりつい最近《さいきん》になって信長《のぶなが》にしたがったばかりだった。

「木下殿《きのしたどの》、明智殿《あけちどの》の心意気《こころいき》、見事《みごと》でござる。だが朝倉《あさくら》の大軍《たいぐん》からお味方《みかた》を守《まも》るのにお二人《ふたり》の軍勢《ぐんぜい》だけでは心《こころ》もとない。どうかこの池田勝正《いけだかつまさ》も使《つか》ってくだされ」

──池田殿《いけだどの》までしゃしゃり出《で》てきたか。

秀吉《ひでよし》には勝正《かつまさ》の気持《きも》ちもわかった。勝正《かつまさ》は最初《さいしょ》のうちは信長《のぶなが》に抵抗《ていこう》していた。しかし、降伏《こうふく》するとゆるされて、逆《ぎゃく》にそれまでよりも多《おお》くの領地《りょうち》をもらった。摂津《せっつ》は都《みやこ》に近《ちか》い大切《たいせつ》なところだからお前《まえ》がしっかり治《おさ》めろよ、と言《い》われたようなものだった。勝正《かつまさ》としてはそんな信長《のぶなが》に恩返《おんがえ》しがしたいのだろう。

みんな必死《ひっし》だった。だれもが自分《じぶん》の命《いのち》をかけることで、自分自身《じぶんじしん》の生《い》き残《のこ》る道《みち》を切《き》り開《ひら》こうとしていた。

「あいわかった。勝正《かつまさ》、光秀《みつひで》、秀吉《ひでよし》の三名《めい》に殿軍《でんぐん》を申《もう》しつける。大将《たいしょう》は勝正《かつまさ》、光秀《みつひで》と秀吉《ひでよし》は副将《ふくしょう》。それぞれの手勢《てぜい》を率《ひき》い、敵《てき》をかく乱《らん》せよ」

「ははっ！」

平伏《ひれふ》した三人《にん》に、信長《のぶなが》は言《い》った。

「金ヶ崎《かねがさき》の城《しろ》には、サル、お前《まえ》が入《はい》れ」

「はっ！」

勝正《かつまさ》と光秀《みつひで》はなにか言《い》いたそうだったが、とくに声《こえ》はあげなかった。

敵《てき》は落《お》とされた金ヶ崎城《かねがさきじょう》をうばいかえそうとするだろう。つまり、秀吉《ひでよし》は殿軍《でんぐん》のなかの殿軍《でんぐん》を命《めい》じられたのだった。

「はげめ」

信長《のぶなが》はそれだけ言《い》うと、ふりかえりもせずに本陣《ほんじん》を出《で》ていった。

非情《ひじょう》な命令《めいれい》であった。織田軍《おだぐん》の退却《たいきゃく》を知《し》った朝倉方《あさくらがた》は、明日《あす》にも金ヶ崎城《かねがさきじょう》に殺到《さっとう》するにちがいない。わずか七百《ひゃく》の木下隊《きのしたたい》は大軍《たいぐん》に呑《の》み込《こ》まれてしまうかもしれない。

「木下殿《きのしたどの》、味方《みかた》が十分《じゅうぶん》に退《しりぞ》いたのを確認《かくにん》したところで、われらが横《よこ》から敵《てき》を突《つ》きます。そのすきに城《しろ》から脱出《だっしゅつ》なされるといい」

光秀《みつひで》と勝正《かつまさ》の言葉《ことば》に「かたじけない」と秀吉《ひでよし》は礼《れい》を言《い》った。全員《ぜんいん》で力《ちから》をあわせねば、家《か》臣《しん》たちを死《し》なせてしまいそうだった。

「秀吉《ひでよし》！」

そこへ現《あらわ》れたのは利家《としいえ》だった。

「利家《としいえ》。お館様《やかたさま》をたのむぞ」

侍大将《さむらいだいしょう》となってから、秀吉《ひでよし》は同年輩《どうねんぱい》の利家《としいえ》を呼《よ》びすてにするようになっていた。利家《としいえ》のほうが「様《さま》も殿《との》もいらん。利家《としいえ》と呼《よ》んでくれ」と言《い》ってきたからだ。岐阜城《ぎふじょう》の城下《じょうか》では、家《いえ》もとなり同士《どうし》で親《しん》せきのようなつきあいをしていた。

「まかせろ」

利家《としいえ》は「赤母衣衆《あかほろしゅう》」と呼《よ》ばれる信長直属《のぶながちょくぞく》の親衛隊《しんえいたい》をひきいていた。常《つね》に信長《のぶなが》のそばにいて信長《のぶなが》を守《まも》るのが役目《やくめ》だ。

「話《はなし》は聞《き》いていた。お館様《やかたさま》が言《い》わないから、わしがかわりに言《い》いにきた」

「なにをじゃ」

問《と》いかえす秀吉《ひでよし》の肩《かた》に、利家《としいえ》の手《て》がのった。

「死《し》ぬなよ。まちがっても城《しろ》を枕《まくら》に討《う》ち死《じ》になどと考《かんが》えるな」

「わかっているさ」

秀吉《ひでよし》は、その手《て》をしっかりとつかんでうなずいた。

問題《もんだい》は家臣《かしん》たちだった。

考《かんが》えてみれば、とんでもない役目《やくめ》を引《ひ》き受《う》けたものだ。さっきまで自分《じぶん》たちは攻《せ》める側《がわ》だと信《しん》じていたのに、突然《とつぜん》、攻《せ》められる側《がわ》になってしまったのだ。みんな「こんなはずではない」とおどろくだろう。

しかし、「殿軍《でんぐん》をひきうけた」ともどった秀吉《ひでよし》から聞《き》いた小六《ころく》たちは、なぜか「わはは」と大笑《おおわら》いした。

「なにがおかしいんじゃ？」

「なにを引《ひ》きうけてくるかと思《おも》えば、殿軍《でんぐん》とは、こりゃあいい」

小六《ころく》は胸《むね》を張《は》った。ほかの者《もの》たちもうれしそうな顔《かお》をしていた。

「もともとお主《ぬし》に賭《か》けたときから、わしはこれは博打《ばくち》だと思《おも》っておった。この世《よ》でいちばんおもしろい博打《ばくち》がなにか、秀吉《ひでよし》、お主《ぬし》はちゃんとわかっておるようじゃな」

主《あるじ》に向《む》かって「お前《まえ》に仕《つか》えるのは博打《ばくち》だ」というのだから失礼《しつれい》な話《はなし》だった。しかし、自分《じぶん》が成《な》りあがり者《もの》だということは秀吉自身《ひでよしじしん》がいちばんわかっていた。これが秀吉《ひでよし》と家臣《かしん》たちとの関係《かんけい》だった。

「兄上《あにうえ》、勝《か》ち目《め》の薄《うす》い博打《ばくち》ほど、勝《か》ったときは気持《きも》ちがいいものですよ」

小一郎《こいちろう》の言葉《ことば》に、みんなうなずいた。

家臣《かしん》たちをどう口説《くど》こうかと考《かんが》えていたが、そんな心配《しんぱい》は無用《むよう》だったらしい。

「小六《ころく》、みんな、お主《ぬし》らの命《いのち》、わしのこの博打《ばくち》に賭《か》けてくれ」

秀吉《ひでよし》の言葉《ことば》に、全員《ぜんいん》が「おう！」と応《こた》えた。


陣幕《じんまく》も荷駄《にだ》もそのままに、次々《つぎつぎ》と京《きょう》へ向《む》かって出発《しゅっぱつ》する織田軍《おだぐん》のなかにあって、木下隊《きのしたたい》の七百人《ひゃくにん》だけは敦賀湾《つるがわん》沿《ぞ》いにある金ヶ崎城《かねがさきじょう》へと入《はい》った。平時《へいじ》であれば高台《たかだい》の城《しろ》から海《うみ》の眺《なが》めでも楽《たの》しむところなのだが、今日《きょう》はそうもいかない。秀吉《ひでよし》と家臣《かしん》たちは夜通《よどお》しかけて城《しろ》の守《まも》りをかためた。

案《あん》の定《じょう》、翌朝《よくあさ》になると織田軍《おだぐん》が引《ひ》きかえしたと知《し》った朝倉勢《あさくらぜい》が押《お》し寄《よ》せてきた。その数《かず》は一万《まん》をこえていた。

「鉄砲《てっぽう》をはなて、矢《や》も惜《お》しまずはなて、大軍《たいぐん》がいると見《み》せかけるんじゃ！」

秀吉《ひでよし》の命令《めいれい》のもと、木下隊《きのしたたい》はほぼ全員《ぜんいん》がいちばん外側《そとがわ》の柵《さく》まで出《で》て、攻《せ》めてくる朝倉勢《あさくらぜい》に猛攻撃《もうこうげき》をくわえた。

寄《よ》せてくる敵《てき》がひるんだところで、柵《さく》を開《ひら》く。槍《やり》を持《も》った兵《へい》たちが外《そと》に出《で》て逆《ぎゃく》に敵《てき》を突《つ》く。

「よし、ひけ！」

ふたたび柵《さく》を閉《と》じて敵《てき》を待《ま》つ。朝倉勢《あさくらぜい》はこちらの士気《しき》が高《たか》いのを見《み》て、すぐには攻《せ》めてこない。

「ははは。敵《てき》はわれらが城《しろ》を枕《まくら》に討《う》ち死《じ》にする気《き》でおると思《おも》っているようだぞ」

死《し》を覚悟《かくご》した相手《あいて》ほど手強《てごわ》いものはない。そうなると敵《てき》もうかつには攻《せ》めてこないはずだった。だが、もちろん秀吉《ひでよし》にはここで死《し》ぬ気《き》などなかった。

——要《よう》はお館様《やかたさま》が京《きょう》にもどられる時間《じかん》をかせげばいいのじゃ。

いまごろ、信長《のぶなが》はわずかな手勢《てぜい》のみをひきいて、琵琶湖《びわこ》の西側《にしがわ》の山中《さんちゅう》を馬《うま》で駆《か》けているはずだ。邪魔《じゃま》さえ入《はい》らなければ、二日《か》もあれば京《きょう》に着《つ》く。問題《もんだい》は琵琶湖《びわこ》の東《ひがし》から来《く》る浅井《あざい》勢《ぜい》だが、おそらく信長《のぶなが》の逃《に》げ足《あし》のほうが速《はや》いだろう。

敵《てき》がふたたび攻《せ》めてきた。今度《こんど》はいきなり突撃《とつげき》しては来《こ》ず、鉄砲隊《てっぽうたい》や弓隊《ゆみたい》を先頭《せんとう》にしている。

矢弾《やだま》が飛《と》びかかった。敵《てき》はそのなかをじりじりと前《まえ》へ進《すす》んでくる。やっとこちらの数《かず》が少《すく》ないのを見《み》てとったらしく、守《まも》りの手薄《てうす》な場所《ばしょ》へとまわり込《こ》む敵《てき》もいる。山上《さんじょう》の本丸《ほんまる》からそれを見《み》ていた秀吉《ひでよし》は、敵《てき》の動《うご》きにあわせては兵《へい》を配置《はいち》しなおし、なんとか城《しろ》への侵入《しんにゅう》を防《ふせ》いだ。

一刻《こく》（二時間《じかん》）がたった。

「おい秀吉《ひでよし》、もうそろそろいいだろう。これ以上《いじょう》はもたないぞ」

本丸《ほんまる》にあがってきた小六《ころく》は、敵《てき》と斬《き》りむすんだらしく返《かえ》り血《ち》をあびていた。

「うむ。そうじゃのう」

城《しろ》から見下《みお》ろす平野《へいや》には、朝倉《あさくら》の大軍《たいぐん》がひしめいていた。まずは敵《てき》をひきつけるという最初《さいしょ》の目的《もくてき》は果《は》たしたようだ。

「狼煙《のろし》をあげろ！」

秀吉《ひでよし》の号令《ごうれい》に、城内《じょうない》から狼煙《のろし》があがった。

「者《もの》ども、城《しろ》から出《で》るぞ。支度《したく》をせい。邪魔《じゃま》なものは置《お》いてゆけ！」

小六《ころく》や小一郎《こいちろう》たちが兵《へい》たちに命《めい》じる。と同時《どうじ》に、眼下《がんか》の敵《てき》の陣形《じんけい》が乱《みだ》れた。城《しろ》の近《ちか》くの森《もり》や川《かわ》の土手下《どてした》にかくれていた池田勝正《いけだかつまさ》と明智光秀《あけちみつひで》の軍勢《ぐんぜい》が、城《しろ》からあがった狼煙《のろし》を合図《あいず》に敵《てき》の背後《はいご》から攻《せ》めかけたからだった。

「いまじゃ。駆《か》けよ。敵陣《てきじん》を突破《とっぱ》するぞ」

秀吉《ひでよし》も槍《やり》を持《も》って馬《うま》に乗《の》った。七百《ひゃく》の木下隊《きのしたたい》はひとかたまりとなって城《しろ》を出《で》た。はさみうちにされてあわてている朝倉勢《あさくらぜい》は、鬼《おに》の形相《ぎょうそう》で突《つ》っこんでくる木下隊《きのしたたい》にたじろいだ。道《みち》をゆずった敵《てき》の眼前《がんぜん》を、秀吉《ひでよし》たちは土《つち》ぼこりをあげながら駆《か》けぬけた。

「遅《おく》れるな。遅《おく》れると討《う》たれるぞ」

「峠道《とうげみち》に入《はい》るんじゃ。そうすれば囲《かこ》まれずに済《す》む」

家臣《かしん》たちがさけぶ。みんな必死《ひっし》だった。秀吉《ひでよし》も馬《うま》にむちを当《あ》てつづけた。まず目指《めざ》すは京《きょう》へとつづく峠道《とうげみち》だった。だが、そこまで行《い》くには二里近《りちか》い広《ひろ》さの敦賀平野《つるがへいや》を横断《おうだん》せねばならない。ここで敵《てき》に包囲《ほうい》されたら木下隊《きのしたたい》は全滅《ぜんめつ》だった。

「兄上《あにうえ》は先《さき》に行《い》かれよ！」

小一郎《こいちろう》が横《よこ》に馬《うま》をつけた。馬《うま》のない足軽《あしがる》たちといっしょでは敵《てき》に追《お》いつかれてしまうと心配《しんぱい》したのだろう。

「ならん、みんなで帰《かえ》るんじゃ」

秀吉《ひでよし》は大声《おおごえ》でかえした。

「たったの二里《り》じゃ。ここをしのげばどうにかなる」

――こんなところで敵《てき》に首《くび》をとられてなるものか。

馬《うま》に揺《ゆ》られながら、秀吉《ひでよし》は思《おも》った。そのとき、ふと、いままで考《かんが》えたこともないようなことが頭《あたま》にうかんだ。

――天《てん》はわしに、だれにもできぬような大《おお》きなことをさせようとしている。そのわしが、こんなところで死《し》ぬわけがない。

大《おお》きなこととはなんだろう。意味《いみ》がわからぬまま、しかし秀吉《ひでよし》は「きっとそうじゃ」と思《おも》った。

――わしはこの窮地《きゅうち》を脱《だっ》する。そして生《い》きつづける。生《い》きつづけた先《さき》に、とてつもなく大《おお》きななにかが待《ま》っているのじゃ。

そう思《おも》うと、命《いのち》が危《あぶ》ないというのに笑《わら》いがこみあげてきた。

「はははは！」

突然《とつぜん》、笑《わら》い出《だ》した秀吉《ひでよし》に、家臣《かしん》たちがぎょっとした。

「殿《との》、どうなされた？」

前野長康《まえのながやす》がきいた。

「秀吉《ひでよし》、いよいよおかしくなったか」

そう言《い》う小六《ころく》もつられたのか、笑《わら》っていた。

「ははは。なにやら愉快《ゆかい》でな。わしはちっとも死《し》ぬ気《き》がしないのだ」

陽気《ようき》な大将《たいしょう》の笑顔《えがお》は、木下隊《きのしたたい》のすみずみにまで伝染《でんせん》した。

「わははは！」

「あーはっはっは！」

七百《ひゃく》の兵《へい》たちは、いつの間《ま》にか笑《わら》いながら走《はし》っていた。

「なんじゃ。あの連中《れんちゅう》は……」

追《お》いすがってきた朝倉勢《あさくらぜい》の先鋒《せんぽう》は、気味《きみ》の悪《わる》いものでも見《み》るように秀吉《ひでよし》たちから距離《きょり》を置《お》いた。そのすきに秀吉《ひでよし》たちは先《さき》に引《ひ》きあげた池田隊《いけだたい》、明智隊《あけちたい》を追《お》いかけて京《きょう》へとつづく街道《かいどう》に入《はい》った。

戦《いくさ》はここで終《お》わりではなかった。

一息入《ひといきい》れるひまもなく、新手《あらて》の敵《てき》が追《お》ってきた。そのなかには浅井勢《あざいぜい》らしき軍勢《ぐんぜい》もいた。

秀吉《ひでよし》たちは途中《とちゅう》の関峠《せきとうげ》でいったん陣《じん》を張《は》り、逆《ぎゃく》に敵《てき》を押《お》しかえした。

関峠《せきとうげ》を越《こ》えると、すぐに若狭《わかさ》との国境《こっきょう》だった。ここまで来《く》ると敵《てき》の追撃《ついげき》もゆるんだ。やがて道《みち》は山道《やまみち》ばかりとなった。

織田軍《おだぐん》の最後尾《さいこうび》を行《い》く木下隊《きのしたたい》は、大将《たいしょう》の秀吉《ひでよし》はじめ、全員《ぜんいん》が汗《あせ》まみれで、なかには手傷《てきず》を負《お》っている者《もの》も少《すく》なくなかった。兵《へい》の数《かず》は城《しろ》を出《で》たときよりも減《へ》っていた。

木下隊《きのしたたい》がやっと足《あし》をとめたのは、途中《とちゅう》の朽木村《くつきむら》にたどり着《つ》いたときだった。ここで秀吉《ひでよし》は、待《ま》っていた池田勝正《いけだかつまさ》と明智光秀《あけちみつひで》から信長《のぶなが》が無事《ぶじ》に街道《かいどう》を通《とお》りぬけ、京《きょう》に帰《かえ》り着《つ》いたらしいと話《はなし》を聞《き》いた。

「やれやれ。こたびのような疲《つか》れる戦《いくさ》はもう二度《ど》とごめんじゃ」

自分《じぶん》の陣《じん》にもどって本音《ほんね》をもらした秀吉《ひでよし》を見《み》て、小六《ころく》たちはまたも大笑《おおわら》いした。

「戦《いくさ》はやっぱり勝《か》たなきゃならん。それもなるべく楽《らく》に勝《か》つことだな」

「兄上《あにうえ》は勇敢《ゆうかん》なのか横着者《おうちゃくもの》なのか、弟《おとうと》のわしにもよくわからんな」

小一郎《こいちろう》の言葉《ことば》に、秀吉《ひでよし》は「実《じつ》はわしにもわからん」と答《こた》えた。それを聞《き》いた家臣《かしん》たちはケタケタと笑《わら》いころげた。

数日後《すうじつご》、無事《ぶじ》に京都《きょうと》に入《はい》った秀吉《ひでよし》に、信長《のぶなが》はとりあえずの褒美《ほうび》として黄金数十枚《おうごんすうまい》を与《あた》えてくれた。秀吉《ひでよし》はそれを家臣《かしん》たちに平等《びょうどう》に分《わ》け与《あた》えた。

6　比叡山《ひえいざん》焼《や》き討《う》ち

金《かね》ケ崎《がさき》の戦《たたか》いから二《に》ケ月後《かげつご》の元亀元年《げんきがんねん》（一五七〇年《ねん》）六月《がつ》、信長《のぶなが》ひきいる織田《おだ》・徳川連合軍《とくがわれんごうぐん》は、近江《おうみ》の姉川《あねがわ》で、ふたたび朝倉《あさくら》・浅井軍《あざいぐん》と戦《たたか》い、これを打《う》ち破《やぶ》った。しかし、京《きょう》の都《みやこ》をふくむ畿内《きない》（山城《やましろ》、摂津《せっつ》、河内《かわち》、和泉《いずみ》、大和《やまと》）やその周辺《しゅうへん》をめぐる情勢《じょうせい》は、どんどん緊迫《きんぱく》していった。

八月《がつ》、信長《のぶなが》によって京《きょう》を追《お》われていた三好三人衆《みよしにんしゅう》が六角義賢《ろっかくよしかた》とともに摂津《せっつ》で兵《へい》をあげた。かと思《おも》えば、一向宗《いっこうしゅう》の本山《ほんざん》である石山本願寺《いしやまほんがんじ》が三好三人衆《みよしにんしゅう》に味方《みかた》して、信長《のぶなが》に反旗《はんき》をひるがえした。この動《うご》きにあわせて、近江《おうみ》には比叡山延暦寺《ひえいざんえんりゃくじ》の協力《きょうりょく》を得《え》た朝倉《あさくら》・浅井《あざい》の両軍《りょうぐん》がまたも現《あらわ》れ、織田領《おだりょう》の坂本《さかもと》を攻《せ》めてきた。

それだけでなく、九月《がつ》には尾張《おわり》に近《ちか》い伊勢長島《いせながしま》でも石山本願寺《いしやまほんがんじ》と歩調《ほちょう》をあわせる一向宗《いっこうしゅう》の門徒《もんと》たちが一揆《いっき》をおこした。畿内《きない》は蜂《はち》の巣《す》をつついたかのような大《おお》さわぎで、信長《のぶなが》はそのたびに西《にし》へ東《ひがし》へと兵《へい》をさしむけねばならなかった。

この戦《たたか》いのなか、信長《のぶなが》は、織田信治《おだのぶはる》と織田信興《おだのぶおき》の二人《ふたり》の弟《おとうと》や重臣《じゅうしん》の森可成《もりよしなり》を失《うしな》った。

「顕如《けんにょ》め、よくも」

信長《のぶなが》は、浅井長政《あざいながまさ》がうらぎったときと同様《どうよう》、憎悪《ぞうお》をたぎらせた。顕如《けんにょ》とは、本願寺《ほんがんじ》の法主《ほうしゅ》である本願寺光佐《ほんがんじこうさ》の号《ごう》だ。この頃《ころ》、石山本願寺《いしやまほんがんじ》は京《きょう》の公家《くげ》や周辺《しゅうへん》の大名《だいみょう》と手《て》を結《むす》ぶことで勢力《せいりょく》を築《きず》いていた。顕如《けんにょ》や門徒《もんと》たちからすれば、新参者《しんざんもの》の信長《のぶなが》は気《き》に入《い》らない相手《あいて》だったのだろう。信長《のぶなが》の入京後《にゅうきょうご》、しばらくは様子《ようす》を見《み》ていた石山本願寺《いしやまほんがんじ》だったが、ついに牙《きば》をむいたのだった。

石山本願寺《いしやまほんがんじ》との戦《たたか》いでやっかいなのは、相手《あいて》が武士《ぶし》を中心《ちゅうしん》とした正規軍《せいきぐん》ではなく、一向宗《いっこうしゅう》の門徒《もんと》たちであることだった。伊勢長島《いせながしま》をはじめ、顕如《けんにょ》の命《めい》に応《こた》えた門徒《もんと》たちは方々《ほうぼう》で織田軍《おだぐん》に奇襲《きしゅう》をかけた。「死《し》ねば極楽《ごくらく》に行《い》ける」という教《おし》えを信《しん》じている彼《かれ》らは勇敢《ゆうかん》でもあった。

石山本願寺《いしやまほんがんじ》そのものも、大坂湾《おおさかわん》に近《ちか》い湿地帯《しっちたい》に囲《かこ》まれていて、へたな城《しろ》よりもよほど守《まも》りがかたかった。一方《いっぽう》の伊勢長島《いせながしま》にしても、木曽川《きそがわ》や揖斐川《いびがわ》、長良川《ながらがわ》といった河川《かせん》の河口《かこう》付近《ふきん》にあって、天然《てんねん》の要害《ようがい》といえた。

あらためてみると、信長《のぶなが》は、朝倉《あさくら》、浅井《あざい》、比叡山延暦寺《ひえいざんえんりゃくじ》、一向宗《いっこうしゅう》、三好《みよし》三人衆《にんしゅう》、六角《ろっかく》などの敵対勢力《てきたいせいりょく》に包囲《ほうい》されていた。

——四方《しほう》に敵《てき》を抱《かか》えてしまって、お館様《やかたさま》はどうなさる気《き》だろう。

このとき、秀吉《ひでよし》は丹羽長秀《にわながひで》とともに姉川《あねがわ》の戦《たたか》いの勝利《しょうり》で織田軍《おだぐん》のものとなった近江《おうみ》の横山城《よこやまじょう》にいた。琵琶湖《びわこ》の北東岸《ほくとうがん》にあるこの城《しろ》から浅井氏《あざいし》の居城《きょじょう》である小谷城《おだにじょう》との距離《きょり》は二里《り》もなかった。

秀吉《ひでよし》と長秀《ながひで》の役目《やくめ》は、この地《ち》で浅井《あざい》と朝倉《あさくら》の両軍《りょうぐん》を食《く》いとめることにあった。しかし、信長《のぶなが》の本隊《ほんたい》が京《きょう》の向《む》こうの摂津《せっつ》で三好《みよし》三人衆《にんしゅう》や石山本願寺《いしやまほんがんじ》を相手《あいて》にしているすきに、敵《てき》は比叡山延暦寺《ひえいざんえんりゃくじ》と手《て》を組《く》んで琵琶湖《びわこ》の南西部《なんせいぶ》に位置《いち》する宇佐山城《うさやまじょう》を攻《せ》めてきた。

敵《てき》は朝倉《あさくら》や浅井《あざい》ばかりではない。琵琶湖周辺《びわこしゅうへん》でも一向宗《いっこうしゅう》の門徒《もんと》たちが京《きょう》と美濃《みの》を結《むす》ぶ街道《かいどう》を封鎖《ふうさ》したりして、織田軍《おだぐん》の足《あし》もとをゆさぶった。

「うーむ。お館様《やかたさま》の命《めい》とはいえ、このままこの城《しろ》でくすぶっているだけというのも芸《げい》がないな」

かんばしくない戦況《せんきょう》に、丹羽長秀《にわながひで》はにがりきった顔《かお》でうなっていた。

「浅井《あざい》め。われらがここにいると知《し》りながら、琵琶湖《びわこ》の向《む》こう側《がわ》で好《す》き勝手《かって》に暴《あば》れておる。秀吉《ひでよし》、丹羽様《にわさま》、いっそわれらだけで小谷城《おだにじょう》を攻《せ》めてはどうだろう。敵《てき》はあわてますぞ」

そう言《い》ったのは小六《ころく》だった。だが長秀《ながひで》はかぶりをふった。

「いい案《あん》だが軍令違反《ぐんれいいはん》だ。それにわれらの手勢《てぜい》だけでは小谷城《おだにじょう》を攻《せ》めるには数《かず》が少《すく》ない」

「小六《ころく》、丹羽様《にわさま》のおっしゃるとおりだ。それに忘《わす》れたか、小谷城《おだにじょう》にはお市《いち》の方様《かたさま》がおられるのだぞ」

「ああ、そうじゃったのう」

小六《ころく》はぼりぼりと頭《あたま》をかいた。そうなのだ。信長《のぶなが》の妹《いもうと》がいる小谷城《おだにじょう》を、自分《じぶん》たちだけで勝手《かって》に攻撃《こうげき》するわけにはいかなかった。

――とはいえ、なんとかしたいという気持《きも》ちは丹羽様《にわさま》も小六《ころく》もわしも、みんないっしょじゃ。

秀吉《ひでよし》はちらりと竹中半兵衛《たけなかはんべえ》を見《み》た。天才的《てんさいてき》な策略家《さくりゃくか》として名高《なだか》い半兵衛《はんべえ》は、もともとは斎藤家《さいとうけ》に仕《つか》えていたのだが、主家《しゅか》が滅亡《めつぼう》すると秀吉《ひでよし》に要請《ようせい》されて木下家《きのしたけ》の軍師《ぐんし》となっていた。

「ご心配《しんぱい》なされますな」

二十七歳《さい》の若《わか》い軍師《ぐんし》は落《お》ちつきはらっていた。

「こちらには将軍様《しょうぐんさま》がおります。朝廷《ちょうてい》もあります。お館様《やかたさま》もそろそろお手打《てう》ちとされることでしょう」

「手打《てう》ちとは和睦《わぼく》か？」

長秀《ながひで》の問《と》いに、半兵衛《はんべえ》は「はい」とうなずいた。

「このように、あっちにも敵《てき》、こっちにも敵《てき》、では畑《はたけ》を荒《あ》らすもぐらをたたいているようなものです。ここは将軍家《しょうぐんけ》や朝廷《ちょうてい》のご威光《いこう》をお借《か》りして、ひとまず敵《てき》と講和《こうわ》するのが得策《とくさく》でしょう。お館様《やかたさま》のことですから、いまごろはきっとそれに動《うご》いているはずです」

「半兵衛《はんべえ》の言《い》うとおりです」

秀吉《ひでよし》は長秀《ながひで》にうなずいてみせた。

「丹羽様《にわさま》、ここはがまんのしどころですぞ」

長秀《ながひで》に言《い》いながら、秀吉《ひでよし》は自分《じぶん》にも言《い》いきかせていた。

――こういうときこそ、あせらずに自分《じぶん》にできることをするんじゃ。

勇《いさ》ましく戦《たたか》うことや奇策《きさく》を用《もち》いて敵《てき》をあざむくことだけが戦《いくさ》ではない。ときにはどっしりとかまえて機《き》を見《み》ること。それも戦《いくさ》だということを、この頃《ころ》になると秀吉《ひでよし》は学《まな》んでいた。

――わしにできることはなにかないものか。

どこかにそれは落《お》ちていないか。さがしものでもするように秀吉《ひでよし》は城《しろ》の外《そと》に目《め》をやった。

すると、「あった！」と気《き》がついた。

横山城《よこやまじょう》の南《みなみ》には、浅井方《あざいかた》の佐和山城《さわやまじょう》があった。小谷城《おだにじょう》との間《あいだ》にこの横山城《よこやまじょう》があるため、佐和山城《さわやまじょう》は敵中《てきちゅう》に孤立《こりつ》していた。城主《じょうしゅ》の磯野員昌《いそのかずまさ》は、先日《せんじつ》の姉川《あねがわ》の合戦《かっせん》では信長《のぶなが》の本陣《ほんじん》に向《む》かって突撃《とつげき》してきたほどの猛者《もさ》だ。

「そうじゃ」

秀吉《ひでよし》の声《こえ》に、長秀《ながひで》や小六《ころく》がふり向《む》いた。

「丹羽様《にわさま》、このすきに磯野員昌《いそのかずまさ》に調略《ちょうりゃく》をかけましょう」

「磯野《いその》に調略《ちょうりゃく》？　あれだけの武辺者《ぶへんしゃ》が簡単《かんたん》に寝返《ねがえ》ってくれるかな」

長秀《ながひで》はあまり期待《きたい》していないようだった。

「あれだけの武辺者《ぶへんしゃ》だからこそ、味方《みかた》になってほしいと口説《くど》くのです。磯野《いその》にしてみれば自分《じぶん》たちが佐和山城《さわやまじょう》でふんばっているというのに、主人《しゅじん》の浅井長政《あざいながまさ》は救援《きゅうえん》に来《き》てくれず、湖《みずうみ》の向《む》こうの宇佐山城《うさやまじょう》に向《む》かってしまった。きっと内心《ないしん》では不満《ふまん》を抱《かか》えているはずです」

「お主《ぬし》には磯野《いその》の心《こころ》が透《す》けて見《み》えているようだな。わしも佐和山城《さわやまじょう》のことは考《かんが》えてはいたが、どうやって攻《せ》め落《お》とすか、そればかりだった。おもしろい、やってみるといいだろう」

その日《ひ》から、秀吉《ひでよし》は磯野員昌宛《いそのかずまさあて》に手紙《てがみ》を書《か》いては使者《ししゃ》を送《おく》った。まずは姉川《あねがわ》の合戦《かっせん》での相手《あいて》の働《はたら》きをほめてほめてほめちぎり、次《つぎ》に「味方《みかた》になってはくださらぬか」とへりくだって懇願《こんがん》した。小六《ころく》と半兵衛《はんべえ》はその手紙《てがみ》を見《み》ると苦笑《にがわら》いした。

「お前《まえ》の手紙《てがみ》はいつもこうだな。こんなにほめちぎって、読《よ》んでいるこっちがむずがゆくなってくるわ」

小六《ころく》は「しかし」と言《い》った。

「これでいいのじゃ。美濃《みの》の地侍《じざむらい》たちも、わざとらしいと笑《わら》いつつ味方《みかた》になってくれたんだからな」

半兵衛《はんべえ》も「同感《どうかん》です」と感心《かんしん》した。

「どうもわれらが殿《との》は人《ひと》たらしのようですな。わたしにはここまではできません」

「なあに。わしは戦《いくさ》が嫌《きら》いなだけだよ」

二人《ふたり》に秀吉《ひでよし》は言《い》った。

「できればだれも死《し》なせずに戦《たたか》いに勝《か》ちたい。そのためなら、こんな手紙《てがみ》、いくらでも書《か》くわい」

本音《ほんね》だった。信長《のぶなが》のもと、武功《ぶこう》を重《かさ》ねて出世《しゅっせ》をしたいとがんばってきた自分《じぶん》ではあったけれど、好《す》きか嫌《きら》いかと問《と》われれば合戦《かっせん》は好《す》きではなかった。何度《なんど》、戦場《せんじょう》にのぞんでも、武者同士《むしゃどうし》が槍《やり》や刀《かたな》をふるい、たがいの首《くび》をとりあう殺《ころ》しあいが苦手《にがて》だった。まして大切《たいせつ》にしてきた家来《けらい》が死《し》んだときの悲《かな》しさといったらない。戦《たたか》わずに勝《か》てるのなら、これほどいいことはなかった。

しばらくすると磯野員昌《いそのかずまさ》から礼《れい》をのべる返書《へんしょ》が届《とど》いた。手紙《てがみ》には「味方《みかた》になる」とまでは書《か》いていなかったが、「天下《てんか》を平定《へいてい》し、戦国《せんごく》の世《よ》を終《お》わりにしたいという織田殿《おだどの》の気持《きも》ちは敵《てき》ながらわかる」といったことが書《か》かれていた。

「脈《みゃく》ありじゃ。磯野殿《いそのどの》はきっと味方《みかた》になってくれるぞ」

秀吉《ひでよし》はせっせと手紙《てがみ》を書《か》いた。会《あ》ったこともない敵《てき》に、まるで恋人《こいびと》に出《だ》すように手紙《てがみ》を出《だ》しつづけた。小六《ころく》や半兵衛《はんべえ》だけでなく、杉原家次《すぎはらいえつぐ》も小一郎《こいちろう》も「それでよいのです」と背中《せなか》を押《お》した。

「兄上《あにうえ》は美濃《みの》との戦《いくさ》でもそうやって調略《ちょうりゃく》にはげんでこられた。美濃《みの》が織田《おだ》の手《て》に落《お》ちたのは、半分《はんぶん》は兄上《あにうえ》のお力《ちから》です」

冷静《れいせい》な性格《せいかく》の弟《おとうと》は、秀吉《ひでよし》のやることをよく分析《ぶんせき》していた。

「問題《もんだい》は若《わか》い家臣《かしん》たちですな。力《ちから》があまってしょうがないようです」

家次《いえつぐ》の言《い》うとおりだった。家臣《かしん》のなかには金ヶ崎《かねがさき》のときのように命《いのち》を賭《か》けての戦《たたか》いにこそ生《い》きがいを見出《みいだ》すといった武者《むしゃ》たちが少《すく》なくない。そういった家臣《かしん》たちにも仕事《しごと》を与《あた》えてやらねばならない。それは秀吉《ひでよし》より大勢《おおぜい》の家臣《かしん》を抱《かか》える丹羽長秀《にわながひで》にしても同《おな》じだった。

「丹羽様《にわさま》、こうされてはいかがでしょう?」

秀吉《ひでよし》が半兵衛《はんべえ》と相談《そうだん》して考《かんが》えたのは、琵琶湖《びわこ》と京《きょう》とを結《むす》ぶ街道沿《かいどうぞ》いに山賊《さんぞく》のように出没《しゅつぼつ》しては交通《こうつう》の邪魔《じゃま》をしている一向宗《いっこうしゅう》の門徒《もんと》たちを追《お》いはらうというものだった。

「お館様《やかたさま》からは進《すす》んでの合戦《かっせん》は禁《きん》じられておりますが、街道《かいどう》の警備《けいび》ということなら問題《もんだい》はなかろうかと思《おも》います」

「それはいい手《て》じゃ。どのみちこのままほうっておくわけにはいかなかったことだからな」

長秀《ながひで》も賛成《さんせい》してくれた。秀吉《ひでよし》はさっそく家臣《かしん》たちに命《めい》じて、街道警備《かいどうけいび》の小部隊《しょうぶたい》を次々《つぎつぎ》に横山城《よこやまじょう》から出発《しゅっぱつ》させた。丹羽隊《にわたい》と協力《きょうりょく》した木下隊《きのしたたい》は、たちまち一向宗《いっこうしゅう》の門徒《もんと》たちを街道《かいどう》から一掃《いっそう》した。

そうこうするうちに、状況《じょうきょう》は半兵衛《はんべえ》の言《い》うとおりとなった。十二月《がつ》になると、信長《のぶなが》は、足利義昭《あしかがよしあき》を介《かい》して正親町天皇《おおぎまちてんのう》から勅命《ちょくめい》を引《ひ》き出《だ》し、浅井《あざい》、朝倉《あさくら》と和睦《わぼく》した。天皇《てんのう》の命《めい》とあっては、浅井長政《あざいながまさ》も朝倉義景《あさくらよしかげ》も、少《すく》なくとも表向《おもてむ》きはしたがうほかなかった。

「いやはや、なんとか生《い》きて新年《しんねん》を迎《むか》えることができたな」

秀吉《ひでよし》の言葉《ことば》に家臣《かしん》たちは「まったくですな」と笑《わら》ったが、戦《いくさ》がこれで終《お》わると思《おも》っている者《もの》は一人《ひとり》もいなかった。

年《とし》が明《あ》けると、佐和山城《さわやまじょう》の磯野員昌《いそのかずまさ》から内通《ないつう》の知《し》らせがきた。磯野《いその》は「城《しろ》を織田方《おだがた》に引《ひ》き渡《わた》す」と申《もう》し出《で》てきた。

「そうはいえ、磯野殿《いそのどの》にも武人《ぶじん》としての面子《めんつ》があるだろうからな」

長秀《ながひで》とはかった秀吉《ひでよし》は、佐和山城《さわやまじょう》を軍勢《ぐんぜい》で囲《かこ》み、いったん戦《たたか》ったかのように見《み》せたうえで降伏《こうふく》をうながす使者《ししゃ》を送《おく》った。磯野員昌《いそのかずまさ》は「城兵《じょうへい》の命《いのち》とひきかえに城《しろ》を明《あ》け渡《わた》す」という降伏《こうふく》の条件《じょうけん》をのんでくれた。秀吉《ひでよし》は、だれ一人《ひとり》死《し》なせずに佐和山城《さわやまじょう》を落《お》としてみせたのだった。

信長《のぶなが》はこの報告《ほうこく》をよろこび、すぐに磯野員昌《いそのかずまさ》を家臣《かしん》にくわえ、あたらしい領地《りょうち》をさずけた。織田《おだ》の城《しろ》となった佐和山城《さわやまじょう》には丹羽長秀《にわながひで》が入《はい》ることとなった。

磯野員昌《いそのかずまさ》が裏切《うらぎ》り、佐和山城《さわやまじょう》が織田《おだ》の手《て》に落《お》ちたことは浅井《あざい》を動揺《どうよう》させた。

「織田《おだ》は和睦《わぼく》の約束《やくそく》を破《やぶ》った！」

長政《ながまさ》はそう言《い》って怒《おこ》っているらしい。秀吉《ひでよし》にも長政《ながまさ》の言《い》い分《ぶん》はわかる。

——しかし、磯野殿《いそのどの》を見《み》すてたのは浅井《あざい》のほうだからな……。

秀吉《ひでよし》が磯野員昌《いそのかずまさ》への調略《ちょうりゃく》にとりかかったのは天皇《てんのう》が勅命《ちょくめい》を出《だ》す前《まえ》だ。そして織田《おだ》につくか浅井《あざい》につくかを決《き》めたのは磯野員昌《いそのかずまさじしん》自身だ。

「半兵衛《はんべえ》、浅井長政殿《あざいながまさどの》はどう出《で》ると思《おも》う？」

「長政殿《ながまさどの》は義理《ぎり》にあついお方《かた》です。天皇《てんのう》の勅命《ちょくめい》を無視《むし》してまで攻《せ》め寄《よ》せてはこないでしょう」

「そこが長政殿《ながまさどの》の面倒《めんどう》なところだな。もう少《すこ》しこずるいお方《かた》なら、敵同士《てきどうし》になることもなかったのにな」

浅井《あざい》は織田《おだ》と同盟《どうめい》を結《むす》ぶとき、けっして朝倉《あさくら》を攻《せ》めないようにと条件《じょうけん》を出《だ》してきた。信長《のぶなが》はそれをのんだ。にもかかわらず、浅井《あざい》にことわりなく朝倉《あさくら》を攻《せ》めた。その結果《けっか》、浅井《あざい》は朝倉《あさくら》に味方《みかた》し、織田《おだ》の敵《てき》となった。正義《せいぎ》と不義《ふぎ》を問《と》えば、実《じつ》は正義《せいぎ》は浅井《あざい》にあって、不《ふ》義《ぎ》は信長《のぶなが》にあった。だが、人《ひと》の世《よ》は正義《せいぎ》と不義《ふぎ》だけではかたづかないものだ。

「広《ひろ》く天下《てんか》のことを考《かんが》えれば、朝倉義景《あさくらよしかげ》ではなくお館様《やかたさま》につくのが正《ただ》しいと思《おも》うのだが……」

朝倉義景《あさくらよしかげ》は、一時期《いちじき》、流浪《るろう》の身《み》だった足利義昭《あしかがよしあき》を越前《えちぜん》に迎《むか》え入《い》れていたことがあった。しかし、義昭《よしあき》にいくら上洛《じょうらく》をたのまれても動《うご》こうとはしなかった。そのくせ信長《のぶなが》が上洛《じょうらく》して天下《てんか》に号令《ごうれい》を発《はっ》しようとすると逆《さか》らってきた。秀吉《ひでよし》には、そんな了見《りょうけん》のせまい人物《じんぶつ》に肩《かた》入《い》れしている浅井長政《あざいながまさ》が、義理《ぎり》がたくはあっても愚《おろ》かに感《かん》じるのだった。

浅井《あざい》の反撃《はんげき》は、思《おも》わぬ形《かたち》でやってきた。

「一揆《いっき》だと？」

横山城《よこやまじょう》にいる秀吉《ひでよし》のもとに、近《ちか》くで一揆《いっき》が起《お》きたという報告《ほうこく》が入《はい》ったのは、佐和山城《さわやまじょう》の降伏《こうふく》から三ケ月後《かげつご》のことだった。一揆《いっき》というのは、農民《のうみん》たちが領主《りょうしゅ》に対《たい》して武力《ぶりょく》で反抗《はんこう》するものだ。たいていは重《おも》い年貢《ねんぐ》や税《ぜい》にたえかねての行動《こうどう》だったが、どうもこの一揆《いっき》はちがうようだった。

「一揆勢《いっきぜい》をひいきているのは浅井《あざい》の家臣《かしん》の浅井井規《あざいいのり》です」

そうきいて、秀吉《ひでよし》はぴんときた。

「浅井長政《あざいながまさ》め。朝廷《ちょうてい》の手前《てまえ》、自《みずか》らは動《うご》きにくいものだから一揆《いっき》ということにして攻《せ》めてきたか」

おそらく一揆勢《いっきぜい》の中心《ちゅうしん》は一向宗《いっこうしゅう》の門徒《もんと》たちだろう。その数《かず》は五千《せん》を上回《うわまわ》っているという。

それに対《たい》し、秀吉《ひでよし》の軍勢《ぐんぜい》は七百《ひゃく》しかいない。

「どうする。佐和山《さわやま》の丹羽様《にわさま》に応援《おうえん》をたのむか」

小六《ころく》の問《と》いに秀吉《ひでよし》は「いや」と首《くび》をふった。

「ここはすぐさま城《しろ》を出《で》て、一揆勢《いっきぜい》を蹴散《けち》らすのじゃ」

半兵衛《はんべえ》も「それがいいです」と賛成《さんせい》した。

「一揆《いっき》はいきおいづかせるとこわい。出鼻《でばな》をくじくことが大切《たいせつ》です」

秀吉《ひでよし》は城《しろ》に二百《ひゃく》の兵《へい》を残《のこ》すと、五百《ひゃく》の討伐隊《とうばつたい》を出撃《しゅつげき》させた。正面《しょうめん》からぶつかったのでは犠牲《ぎせい》が多《おお》くなる。木下隊《きのしたたい》は見通《みとお》しのわるい場所《ばしょ》で一揆勢《いっきぜい》を待《ま》ちぶせて奇襲《きしゅう》をかけ、これを四散《しさん》させた。

「どうだ。へたにこちらに手《て》を出《だ》せば痛《いた》い目《め》にあうことがよくわかっただろう」

木下軍《きのしたぐん》手強《てごわ》し、と知《し》った浅井方《あざいがた》は、これ以降《いこう》、攻撃《こうげき》をしかけてくることはなかった。

信長《のぶなが》は秀吉《ひでよし》の勝利《しょうり》に「いまこそ好機《こうき》ぞ」とさっそく兵《へい》を動《うご》かした。めざしたのは伊勢長《いせなが》島《しま》だった。朝倉《あさくら》や浅井《あざい》がおとなしくしているうちに、めざわりな伊勢《いせ》の一向衆門徒《いっこうしゅうもんと》をかたづけようというのであった。

だが、この戦《いくさ》は失敗《しっぱい》に終《お》わった。伊勢長島《いせながしま》は、もともと河口部《かこうぶ》にあって大軍《たいぐん》が攻《せ》めにくい地形《ちけい》のうえ、ここでは逆《ぎゃく》に敵《てき》に不意《ふい》をつかれて、織田軍《おだぐん》は重臣《じゅうしん》の柴田勝家《しばたかついえ》が手傷《てきず》を負《お》ってしまうほどの苦戦《くせん》をしいられた。

戦《いくさ》が不利《ふり》と見《み》るや、信長《のぶなが》はさっさと軍勢《ぐんぜい》をひきあげさせた。ひとつの相手《あいて》に手《て》こずっていると、すぐにまた別《べつ》の敵《てき》が動《うご》き出《だ》す。横山城《よこやまじょう》で敗戦《はいせん》の報《ほう》を知《し》った秀吉《ひでよし》は、自分《じぶん》たちが置《お》かれている苦《くる》しい状況《じょうきょう》をあらためて思《おも》い知《し》った。

「比叡山《ひえいざん》を攻《せ》める。延暦寺《えんりゃくじ》を焼《や》き討《う》ちにする」

次《つぎ》に信長《のぶなが》が出《だ》した命令《めいれい》は、家臣《かしん》たちをおどろかせるものだった。比叡山延暦寺《ひえいざんえんりゃくじ》は、京都《きょうと》と琵琶湖《びわこ》の間《あいだ》にある、城《しろ》のように大《おお》きな寺《てら》だった。先《さき》の戦《たたか》いでは、朝倉《あさくら》と浅井《あざい》に味方《みかた》した、つまり織田《おだ》にとっては敵《てき》である。とはいえ、攻《せ》めるとなると二の足《あし》をふむ者《もの》が多《おお》かった。

「おそれながら、比叡山延暦寺《ひえいざんえんりゃくじ》の座主《ざす》は正親町天皇《おおぎまちてんのう》の弟《おとうと》の覚恕法親王《かくじょほっしんのう》です」

天皇《てんのう》の弟《おとうと》を攻《せ》めるのですか、と顔《かお》を青《あお》くしたのは明智光秀《あけちみつひで》だった。

「延暦寺《えんりゃくじ》は最澄《さいちょう》による開山以来《かいざんいらい》、桓武天皇《かんむてんのう》によって国家鎮護《こっかちんご》の寺《てら》とされ、数百年《すうひゃくねん》の間《あいだ》、都《みやこ》の鬼門《きもん》をまもってきました。桓武天皇《かんむてんのう》は織田家《おだけ》の祖《そ》である平家《へいけ》の祖《そ》ですぞ」

国家鎮護《こっかちんご》の寺《てら》を、それも織田家《おだけ》が子孫《しそん》と称《しょう》している平家《へいけ》の祖《そ》が帰依《きえ》していた寺《てら》を焼《や》き討《う》ちにするのか。口《くち》を大《おお》きく開《あ》けて信長《のぶなが》を見上《みあ》げたのは佐久間信盛《さくまのぶもり》だった。

「そうじゃ」

信長《のぶなが》は少《すこ》しも動《どう》じずに答《こた》えた。

「延暦寺《えんりゃくじ》は敵《てき》に味方《みかた》した。わしとて一度《ど》はゆるそうかと、これ以上《いじょう》は浅井《あざい》や朝倉《あさくら》にくみするなと使者《ししゃ》を出《だ》したが、はいとは言《い》ってこなかった。このうえは攻《せ》めるほかない」

命令《めいれい》は非情《ひじょう》なものだった。僧兵《そうへい》ばかりか、女子《おんなこ》ども、赤児《あかご》にいたるまで、延暦寺《えんりゃくじ》にたてこもる者《もの》は皆殺《みなごろ》しにせよ。堂《どう》という堂《どう》をすべて焼《や》きはらえ。聞《き》いていて、秀吉《ひでよし》は頭《あたま》がくらくらしてきた。

——お館様《やかたさま》、なにもそこまでやらずとも……。

伊勢長島《いせながしま》での敗北《はいぼく》で、信長《のぶなが》は信仰心《しんこうしん》で戦《たたか》う者《もの》のおそろしさを知《し》ったようだ。これ以上《いじょう》はない過酷《かこく》な命令《めいれい》は、恐怖心《きょうふしん》から生《う》まれたものかもしれない。

「このたわけが！」

はっと顔《かお》をあげると、明智光秀《あけちみつひで》が信長《のぶなが》の平手《ひらて》をくらっていた。自分《じぶん》がぼんやりしている間《あいだ》に、光秀《みつひで》は主君《しゅくん》をいさめようとしたのだろう。

「うぬもだ。臆病者《おくびょうもの》め！」

今度《こんど》は佐久間信盛《さくまのぶもり》が足蹴《あしげ》にされた。

「やらねばやられるぞ。われらがいまこうして軍議《ぐんぎ》をひらいている間《あいだ》にも、やつらはこちらを呪《のろ》い殺《ころ》そうとまじないを唱《とな》えておるわ」

信長《のぶなが》はほえた。

「ここにいる者全員《ものぜんいん》の手勢《てぜい》で比叡山《ひえいざん》をとり囲《かこ》め。寺《てら》にいる者《もの》は一人《ひとり》たりとも生《い》かして山《やま》から下《お》ろすな。もし知《し》っていて見逃《みのが》す者《もの》がおったら、だれであろうと即座《そくざ》に首《くび》をはねるぞ」

命令《めいれい》は、もはや脅迫《きょうはく》と同《おな》じだった。

軍議《ぐんぎ》を終《お》えた秀吉《ひでよし》は、すぐに自分《じぶん》の陣《じん》にはもどらずに利家《としいえ》をたずねた。

「今回《こんかい》はつらい役目《やくめ》だな」

延暦寺焼《えんりゃくじや》き討《う》ちは、すでに利家《としいえ》の耳《みみ》にも入《はい》っていた。

「秀吉《ひでよし》、わしはここ最近《さいきん》のお前《まえ》の活躍《かつやく》をうらやましく思《おも》っていた。お館様《やかたさま》をお守《まも》りするのも大事《だいじ》な役目《やくめ》だが、出世《しゅっせ》するには一軍《ぐん》の将《しょう》として手柄《てがら》をあげることがいちばんだ。しかし、今回《こんかい》ばかりは自分《じぶん》が赤母衣衆《あかほろしゅう》でよかったと思《おも》うよ。お館様《やかたさま》の本陣《ほんじん》にいれば、敵《てき》と直接戦《ちょくせつたたか》わずにすむからな」

けれど遠慮《えんりょ》はいらんぞ、と利家《としいえ》はつづけた。

「延暦寺《えんりゃくじ》の僧侶《そうりょ》たちは堕落《だらく》している。日頃《ひごろ》から酒《さけ》をくらい、女色《じょしょく》におぼれている者《もの》が少《すく》なくないという。生臭坊主《なまぐさぼうず》どもを討《う》つのに、なんのためらいもいるものか」

どこまで本当《ほんとう》なのか、利家《としいえ》は自分《じぶん》をなぐさめてくれようとしているのだろう。それだけはわかった。

「利家《としいえ》、わしはどうすればいいかのう。女子《おんなこ》どもまで手《て》にかけろと命《めい》じられ、この戦《いくさ》のあと、どんな顔《かお》をしてねねに会《あ》えばいいんだろう」

口《くち》にして、自分《じぶん》でもおどろいた。信長《のぶなが》に仕《つか》えて以来《いらい》、こんな弱気《よわき》を言葉《ことば》にしたのははじめてだった。

「秀吉《ひでよし》、これが戦《いくさ》というものだ」

利家《としいえ》は言《い》った。

「いまさらわしに教《おし》えられるまでもなかろう。これが武士《ぶし》になるということだ。お前《まえ》は自《じ》分《ぶん》から望《のぞ》んで武士《ぶし》になったのだろう。どんな命《めい》でも主《あるじ》に忠義《ちゅうぎ》を尽《つ》くすのが武士《ぶし》だ」

「わかっている。わかっているさ。だけどなあ……」

利家《としいえ》はうなずくと、秀吉《ひでよし》の耳《みみ》もとにそっと口《くち》をよせた。

「家臣《かしん》たちにはこう命《めい》じるといい。歯向《はむ》かう者《もの》だけ討《う》ち取《と》れと。さいわい攻撃《こうげき》は夜《よる》だ。暗《くら》闇《やみ》にまぎれて目《め》に見《み》えないものも多《おお》いだろう」

女《おんな》や子《こ》どもは見《み》えなかったふりをして逃《に》がしてやれ。利家《としいえ》はそう言《い》っているのだった。

「ありがとう、利家《としいえ》」

親友《しんゆう》と話《はな》したことで、少《すこ》し気《き》が楽《らく》になった。それでも秀吉《ひでよし》の気持《きも》ちが晴《は》れることはなかった。

——このところ会《あ》わぬうちに、お館様《やかたさま》は人《ひと》がかわられたようじゃ。

足利義昭《あしかがよしあき》を奉《ほう》じて上洛《じょうらく》したまではよかった。しかし、いつの間《ま》にか四方八方《しほうはっぽう》と敵《てき》だらけになってしまった。なんでこんなことになってしまったのか。信長自身《のぶながじしん》も困惑《こんわく》しているのかもしれない。非情《ひじょう》な命令《めいれい》は、その困惑《こんわく》の表《あらわ》れだ。

元亀《げんき》二年《ねん》（一五七一年《ねん》）九月《がつ》十二日夜《にちよる》、三万《まん》の織田軍《おだぐん》は比叡山延暦寺《ひえいざんえんりゃくじ》を焼《や》き討《う》ちにした。この合戦《かっせん》で、女子《おんなこ》どもをふくむ三千人《ぜんにん》が犠牲《ぎせい》となった。

——本当《ほんとう》にこれでよかったのか？

戦《いくさ》のあとも秀吉《ひでよし》は疑問《ぎもん》を抱《いだ》きつづけた。信長《のぶなが》に仕《つか》えて以来《いらい》、はじめて感《かん》じた主君《しゅくん》への疑《ぎ》問《もん》だった。

7 戦《いくさ》につぐ戦《いくさ》

比叡山《ひえいざん》焼《や》き討《う》ちのあとも、戦《いくさ》につぐ戦《いくさ》だった。

元亀《げんき》三年《ねん》（一五七二年《ねん》）から四年《ねん》（一五七三年《ねん》）にかけて、信長《のぶなが》にとって最大《さいだい》の危機《きき》がおとずれた。

「武田信玄《たけだしんげん》が攻《せ》めてきたぞ」

その知《し》らせは、雷鳴《らいめい》のごとく織田家中《おだかちゅう》にひびいた。ついに武田信玄《たけだしんげん》が、長年《ながねん》の悲願《ひがん》であった上洛《じょうらく》の兵《へい》をあげたのだ。

武田軍《たけだぐん》は、徳川家康《とくがわいえやす》の領内《りょうない》である遠江《とおとうみ》に攻《せ》め入《い》ると、次々《つぎつぎ》に城《しろ》や砦《とりで》を落《お》としていった。そればかりではなく、織田領《おだりょう》の東美濃《ひがしみの》にも別動隊《べつどうたい》が侵攻《しんこう》し、岩村城《いわむらじょう》が落城《らくじょう》した。

信玄《しんげん》の本隊約三万《ほんたいやくまん》は、家康《いえやす》の居城《きょじょう》である浜松城《はままつじょう》に迫《せま》りつつあった。

対《たい》して浜松城《はままつじょう》の徳川軍《とくがわぐん》は八千余《せんあま》り。家康《いえやす》は同盟軍《どうめいぐん》である信長《のぶなが》に援軍《えんぐん》を求《もと》めた。織田軍《おだぐん》は各地《かくち》にいる軍勢《ぐんぜい》を総動員《そうどういん》すれば六万《まん》や七万《まん》にはなる。武田軍《たけだぐん》の倍以上《ばいいじょう》の兵力《へいりょく》だ。が、四方《しほう》を敵《てき》に囲《かこ》まれているいまの状況《じょうきょう》では兵《へい》を一ヶ所《かしょ》に集《あつ》めることはむずかしい。信長《のぶなが》にできるのは、とりあえず佐久間信盛《さくまのぶもり》と平手汎秀《ひらてひろひで》に兵三千《へいぜん》をあずけて送《おく》り出《だ》すくらいだった。

「まずいな。今度《こんど》は桶狭間《おけはざま》で今川義元《いまがわよしもと》を討《う》ったときのようにはいくまい」

横山城《よこやまじょう》で、秀吉《ひでよし》ははらはらしていた。

甲斐《かい》の虎《とら》の異名《いみょう》を持《も》つ武田信玄《たけだしんげん》とその配下《はいか》の軍団《ぐんだん》は、なみいる戦国大名《せんごくだいみょう》の中《なか》でも最強《さいきょう》とうたわれていた。川中島《かわなかじま》での上杉謙信《うえすぎけんしん》との五度《ど》に渡《わた》る合戦《かっせん》はもとより、ほとんど負《ま》けなしの戦《たたか》いぶりは信長《のぶなが》も一目置《いちもくお》いていた。願《ねが》わくは戦《たたか》いたくない相手《あいて》であった。

その信玄《しんげん》に、徳川家康《とくがわいえやす》は果敢《かかん》にも野戦《やせん》を挑《いど》んだ。

惨敗《ざんぱい》だった。

浜松城《はままつじょう》からほど近い三方ヶ原《みかたがはら》の地《ち》で、織田《おだ》の援軍《えんぐん》とともに武田軍《たけだぐん》と戦《たたか》った家康《いえやす》は、さんざんに敗《やぶ》れて城《しろ》へ逃走《とうそう》した。援軍《えんぐん》として徳川勢《とくがわぜい》にくわわっていた平手汎秀《ひらてひろひで》はこの合戦《かっせん》で戦死《せんし》してしまった。佐久間信盛《さくまのぶもり》はあわてふためいて尾張《おわり》に逃《に》げ帰《かえ》ってきた。

武田信玄《たけだしんげん》は強《つよ》かった。今川《いまがわ》の比《ひ》ではなかった。

とうとう三河《みかわ》に入《はい》った武田軍《たけだぐん》は野田城《のだじょう》を攻撃《こうげき》した。三河《みかわ》の西《にし》どなりは尾張《おわり》であった。もし武田軍《たけだぐん》に尾張侵攻《おわりしんこう》をゆるせば、石山本願寺《いしやまほんがんじ》も浅井《あざい》も朝倉《あさくら》も、反織田勢力《はんおだせいりょく》は一気《いっき》に活気《かっき》づくだろう。そんな心配《しんぱい》をしているところに、さらに衝撃《しょうげき》が走《はし》った。

「なんだと。足利義昭公《あしかがよしあきこう》がお館様《やかたさま》に対《たい》して兵《へい》をあげたじゃと?」

横山城《よこやまじょう》の広間《ひろま》で使者《ししゃ》からの報告《ほうこく》を聞《き》いた秀吉《ひでよし》は、おどろきながらも「やはり」と思《おも》った。

「義昭公《よしあきこう》が武田《たけだ》や石山本願寺《いしやまほんがんじ》をはじめ、上杉《うえすぎ》や毛利《もうり》など各地《かくち》の大名《だいみょう》に織田《おだ》を包囲《ほうい》せよという密書《みっしょ》を出《だ》しているといううわさは聞《き》いていた。嫌《いや》なうわさというのは当《あ》たるものだな」

信長《のぶなが》は義昭《よしあき》を室町幕府《むろまちばくふ》十五代将軍《だいしょうぐん》として立《た》てたが、その後《ご》、さまざまな規則《きそく》をつくっては義昭《よしあき》から将軍《しょうぐん》としての権力《けんりょく》をうばってきた。義昭《よしあき》が信長《のぶなが》に反感《はんかん》を抱《いだ》くのは当《あ》たり前《まえ》だった。今回《こんかい》の武田信玄《たけだしんげん》の動《うご》きは、それに応《おう》じてのことだったのだろう。

「義昭公《よしあきこう》を敵《てき》にまわしては、織田家《おだけ》は将軍家《しょうぐんけ》に対《たい》する謀反人《むほんにん》になってしまうのではないですか。これでは天下《てんか》に号令《ごうれい》を下《くだ》すという大義名分《たいぎめいぶん》が失《うしな》われてしまいます」

小一郎《こいちろう》に言《い》われるまでもなく、秀吉《ひでよし》がおそれているのはそれだった。

「西《にし》に義昭公《よしあきこう》と本願寺《ほんがんじ》、北《きた》には浅井《あざい》、朝倉《あさくら》、南《みなみ》は伊勢長島《いせながしま》、東《ひがし》は武田《たけだ》、これだけの敵《てき》を抱《かか》

図書案内

2018.8

〈アイコンの見方〉

DVDブック　DVD付き書籍

Blu-ray ブック　ブルーレイ付き書籍

CD付き　CD付き書籍

電子書籍　電子書籍もあります

駒草出版

〒110-0016 東京都台東区台東 1-7-1 邦洋秋葉原ビル 2 階
TEL 03-3834-9087 ／ FAX 03-3834-4508
http：//www.komakusa-pub.jp

※表示価格は税別です。これに所定の税がかかります。※書店様にてご注文いただけます。

ロイヤルバレエスクール・ダイアリー 全8巻

アメリカからイギリスへやってきた10歳の女の子、エリー。新しいお友達と、すてきな先生たち。バレリーナになる夢をかなえるため、エリーの挑戦が始まった！

アレクサンドラ・モス 著、竹内佳澄 訳
四六判／各200〜240頁
本体 各1000円

❶ エリーのチャレンジ

英国ロイヤルバレエスクールをめざし、アメリカからやってきた少女、エリーの物語、第一弾。

❷ 跳べると信じて

きびしいレッスンに打ち込むエリーに、ロイヤルバレエ団の公演に出演するチャンスが！

❸ パーフェクトな新入生

パリから来た新入生、イザベル。なかなか学校になじもうとしないのには、特別な事情があった。

❹ 夢の翼を広げて

中間休みを終えたエリーたちに試練が。振付コンクールに向けて練習に打ち込む。

❺ ルームメイトのひみつ

ふだんは明るいケイトのようすが最近ヘンなの。なにか隠しているの？

❻ いっしょならだいじょうぶ

学年末公演を前に、不安にかられるグレース。エリーはなんとか力になろうとするが……。

趣味・実用

汁かけごはん

田内しょうこ 著／A5判／112頁

あったか煮物から、冷たい汁ものまで。『ごはんに汁ごとかけるとおいしい！』レシピ集。

オールカラー

本体 1500円

大人気

「東京DEEP案内」が選ぶ 首都圏 住みたくない街

逢阪まさよし+DEEP案内編集部 著／A5判／504頁

電子書籍

人気サイト、待望の書籍化!! 消去法的に見つける「住みたい街」探しの新バイブル!!

本体 2200円

6刷

僕が恋した日本茶のこと 青い目の日本茶伝道師、オスカル

ブレケル・オスカル 著／四六判／180頁

テレビや雑誌への露出で話題のスウェーデン人日本茶伝道師の初著書！日本の魅力を再発見。

本体 1500円

ミステリーな仏像

本田不二雄 著／A5判／256頁

体内に臓器と骨格をそなえた秘仏、Vサインをする謎の菩薩……驚くべき姿かたちの神仏像。その史実に迫る仏像ガイド。

オールカラー

本体 1500円

3刷

LiLi

矢野り々子 著／A5判／128頁

矢野り々子ちゃん（9歳）が3歳の頃から描きためてきた瑞々しい絵の数々を1冊に！

本体 1600円

バランス・ドッグマッサージ・ハンディテキスト もっと！愛犬に近づくための3つのテクニック

松江香史子 著／A5変判／108頁

3種類の重要なマッサージのテクニックをイラスト入りでていねいに解説。

電子書籍

本体 1500円

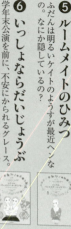

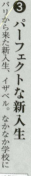

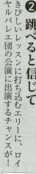

えては、いかにお館様《やかたさま》とて防《ふせ》ぎようがないぞ」

前野長康《まえのながやす》が額《ひたい》にうかべた汗《あせ》をふきながら言《い》った。

「それにしてもいまいましいのは足利義昭《あしかがよしあき》です。お館様《やかたさま》のおかげで将軍《しょうぐん》になれたというのにその恩《おん》も忘《わす》れて織田《おだ》を討《う》てなどと……」

浅野長吉《あさのながよし》の言葉《ことば》に、まわりにいる者《もの》たちは「そのとおりじゃ」とうなずきあった。

「たとえお飾《かざ》りであっても将軍《しょうぐん》の地位《ちい》にいられるだけでも満足《まんぞく》すべきなのだ。それを欲《よく》をかいて天下《てんか》を自分《じぶん》の手《て》で治《おさ》めようなどと。天下人《てんかびと》にふさわしい器《うつわ》がない者《もの》に天下《てんか》など治《おさ》められるわけがないわ。義昭《よしあき》はばかな夢《ゆめ》を見《み》ているにすぎん」

小六《ころく》の言《い》うとおりだった。

「しかし、動《うご》くこともできずにここでこんな話《はなし》をしているだけのわれらとて、見《み》ようによっては阿呆《あほ》だの。尾張《おわり》も美濃《みの》も危《あぶ》ないというのに」

長康《ながやす》のあせりは、全員《ぜんいん》のあせりでもあった。秀吉《ひでよし》ひきいる木下隊《きのしたたい》の家臣《かしん》たちは、ほぼ全《ぜん》員《いん》が尾張《おわり》と美濃《みの》の出身《しゅっしん》だ。故郷《こきょう》には家族《かぞく》や親族《しんぞく》がいる。その地《ち》が、いまや武田軍《たけだぐん》によって踏《ふ》みにじられようとしているのだ。もちろん、秀吉《ひでよし》たちはあそんでいるわけではない。小《お》谷城《だにじょう》の浅井勢《あざいぜい》と対峙《たいじ》しながら、浅井《あざい》や朝倉《あさくら》の家臣《かしん》たちを調略《ちょうりゃく》しつづけていた。

――ねねは達者《たっしゃ》で暮《く》らしているだろうか。

秀吉《ひでよし》は、岐阜城下《ぎふじょうか》にいる妻《つま》を思《おも》った。ふりかえってみれば、ここ最近《さいきん》は、戦《いくさ》、戦《いくさ》で、夫婦《ふうふ》ですごす時間《じかん》もない。

「半兵衛《はんべえ》、どう思《おも》う？」

秀吉《ひでよし》はだまっていた軍師《ぐんし》にたずねた。

「……比叡山《ひえいざん》焼《や》き討《う》ちは、やりすぎでしたね」

半兵衛《はんべえ》はつぶやいた。

「あれで織田軍《おだぐん》が人《ひと》の道《みち》からはずれていることを天下《てんか》に知《し》らしめてしまいました」

「半兵衛《はんべえ》、いまさらそんなことを言《い》ってもしかたがないのだ。なにかお館様《やかたさま》に進言《しんげん》するよい案《あん》はないか」

信長《のぶなが》は、武田軍《たけだぐん》の侵攻《しんこう》にそなえて岐阜城《ぎふじょう》で軍議《ぐんぎ》を重《かさ》ねているはずだった。

「殿《との》」

半兵衛《はんべえ》は秀吉《ひでよし》を見《み》た。

「殿《との》がお館様《やかたさま》なら、どうしますか」

「わしがお館様《やかたさま》なら？」

逆《ぎゃく》にききかえされて、秀吉《ひでよし》はとまどった。

――わしだったら、どうするか……。

秀吉《ひでよし》はうなりながら「わしならば、わしならば……」とくりかえした。考《かんが》えれば考《かんが》えるほど、頭《あたま》がつかれてきた。

――なるほど。お館様《やかたさま》はいつもこのように頭《あたま》をお使《つか》いになられているのか。

家臣《かしん》たちは、うなっている主人《しゅじん》をだまって見《み》ている。

どれだけ時間《じかん》がたっただろう。秀吉《ひでよし》は突然《とつぜん》さけんだ。

「よし、決《き》めた！」

広間《ひろま》にいた家臣全員《かしんぜんいん》が顔《かお》をあげた。

「義昭《よしあき》は兵《へい》をあげたとはいえ数《かず》は少《すく》ない。大軍《たいぐん》で囲《かこ》んで和睦《わぼく》を持《も》ちかける。天子様《てんしさま》からも勅命《ちょくめい》を出《だ》してもらう。多少《たしょう》はゆずってもかまわない。わしが自《みずか》ら頭《あたま》を下《さ》げてもいい。とにかく時間《じかん》をかせぐんじゃ。浅井《あざい》・朝倉《あさくら》には、城《しろ》のひとつやふたつ、場合《ばあい》によってはこの横山城《やまじょう》をくれてやってもいい。思《おも》いきって佐和山《さわやま》あたりまで引《ひ》いて時間《じかん》をかせぐ」

ふむふむ、と家臣《かしん》たちはきいている。

「石山本願寺《いしやまほんがんじ》も長島《ながしま》もほうっておく。そして残《のこ》る全軍《ぜんぐん》をもって武田《たけだ》を迎《むか》え撃《う》つ。信玄《しんげん》を倒《たお》せば、諸国《しょこく》の大名《だいみょう》は織田《おだ》がいかに強《つよ》いか思《おも》い知《し》ることとなるだろう。そうすれば、天下《てんか》はおのずとわしの……」

そこまで言《い》って、秀吉《ひでよし》は「こほん」と咳《せき》をした。

「いや、お館様《やかたさま》のものとなろう」

家臣《かしん》たちはこの案《あん》に沸《わ》いた。

「それじゃ。それしかない！」

「武田《たけだ》と天下《てんか》分《わ》け目《め》の決戦《けっせん》じゃ」

「腕《うで》がなるのう。ぜひとも先鋒《せんぽう》は我《わ》が木下隊《きのしたたい》にまかせてほしいところじゃ」

堀尾吉晴《ほりおよしはる》や中村一氏《なかむらかずうじ》、山内一豊《やまうちかずとよ》、仙石秀久《せんごくひでひさ》など、若《わか》い家臣《かしん》たちは、いまにも槍《やり》を持《も》って駆《か》け出《だ》しそうないきおいで賛成《さんせい》した。年《とし》が上《うえ》の小六《ころく》や長康《ながやす》も「さっそくお館様《やかたさま》に進言《しんげん》してはどうか」とうなずきあっている。

しかし、秀吉本人《ひでよしほんにん》は内心《ないしん》こう思《おも》っていた。

——まったく、気楽《きらく》なやつらじゃのう。

数《かず》こそこちらは多《おお》いかもしれないが、歴戦《れきせん》の武田軍《たけだぐん》を相手《あいて》に勝《か》てるかどうかはまったくの未知数《みちすう》だ。将《しょう》たる者《もの》、本当《ほんとう》はこのようないちかばちかの賭《か》けはやってはいけないのだ。

――だが、人《ひと》は一生《いっしょう》に一度《ど》か二度《ど》は、こうした賭《か》けをせねばならないようだ。いや、天《てん》下《か》をめざす者《もの》は、一度《ど》二度《ど》どころか、三度《ど》、四度《ど》と賭《か》けねばならないらしい。

そして、いったん賭《か》けたとなれば、自《みず》らは火《ひ》の玉《たま》となって全軍《ぜんぐん》を指揮《しき》する。それが大将《たいしょう》というものだ。桶狭間《おけはざま》のときの信長《のぶなが》がそうだった。金ケ崎《かねがさき》のときの自分《じぶん》もそうだ。

「お見事《みごと》です。さすがは木下秀吉様《きのしたひでよしさま》です」

ふだんは慎重《しんちょう》派《は》の半兵衛《はんべえ》も同意《どうい》してくれた。

「あとはお館様《やかたさま》にどれだけのご武運《ぶうん》があるかですな」

はたして、信長《のぶなが》に武運《ぶうん》はあった。

いよいよ武田《たけだ》と決戦《けっせん》か。織田《おだ》家中《かちゅう》の全員《ぜんいん》がそう覚悟《かくご》したときだった。なぜか武田軍《たけだぐん》が三《み》河《かわ》から甲斐《かい》へとひきあげてしまった。

「なぜじゃ？」

おどろく信長《のぶなが》のもとに届《とど》いたのは、「武田信玄死《たけだしんげんし》す」との報《ほう》だった。信玄《しんげん》は陣中《じんちゅう》で病《やまい》を発《はっ》し、そのまま息《いき》を引《ひ》き取《と》ったというのだ。

「お館様《やかたさま》の武運《ぶうん》はいったいどこまであるのだ」

秀吉《ひでよし》は強敵《きょうてき》のあっけない退場《たいじょう》に、信長《のぶなが》の強運《きょううん》ぶりを思《おも》わずにいられなかった。

――お館様《やかたさま》を主君《しゅくん》とあおいだわしは、まちがってはいなかったようじゃ。

天下《てんか》の形勢《けいせい》は、これを境《さかい》に一気《いっき》に信長《のぶなが》に有利《ゆうり》となった。

元亀《げんき》四年《ねん》（一五七三年《ねん》）七月《がつ》、信長《のぶなが》は宇治《うじ》にある槙島城《まきしまじょう》にたてこもる足利義昭《あしかがよしあき》をとり囲《かこ》み、義昭《よしあき》が降伏《こうふく》すると京《きょう》から追放《ついほう》した。二百数十年《すうじゅうねん》つづいた室町幕府《むろまちばくふ》は、これにより事実《じじつ》上滅亡《じょうめつぼう》したのだった。この月《つき》、信長《のぶなが》は朝廷《ちょうてい》を通《つう》じて元亀《げんき》から天正《てんしょう》へと元号《げんごう》を改元《かいげん》した。

八月《がつ》、秀吉《ひでよし》の出番《でばん》が到来《とうらい》した。信長《のぶなが》が、本隊《ほんたい》をひきいて小谷城《おだにじょう》攻《ぜ》めにやってきた。敵《てき》はすぐに反応《はんのう》し、越前《えちぜん》から朝倉義景《あさくらよしかげ》が二万《まん》の兵《へい》をひきいて援軍《えんぐん》にやってきた。朝倉軍《あさくらぐん》は小谷《おだに》城《じょう》の北側《きたがわ》に陣《じん》を敷《し》き、砦《とりで》を築《きず》いて織田軍《おだぐん》ににらみをきかせた。

秀吉《ひでよし》は信長《のぶなが》の本陣《ほんじん》に呼《よ》ばれた。

「サル、今度《こんど》こそ浅井《あざい》・朝倉《あさくら》と雌雄《しゆう》を決《けっ》するぞ」

信長《のぶなが》の目《め》はぎらぎらとしていた。

「お館様《やかたさま》、敵《てき》の内部《ないぶ》はこちらの調略《ちょうりゃく》でがたがたでございます。織田有利《おだゆうり》と見《み》れば、裏切《うらぎ》り者《もの》が続出《ぞくしゅつ》するかと思《おも》われます」

「その言葉《ことば》、信《しん》じよう」

信長《のぶなが》は天《てん》をあおいだ。すると、どちらに味方《みかた》したものか、空《そら》が曇《くも》りはじめ、嵐《あらし》がやってきた。秀吉《ひでよし》がびっくりしたのは、信長《のぶなが》が自《みずか》ら馬《うま》に乗《の》ったことだった。

「敵《てき》はこの嵐《あらし》で油断《ゆだん》している。いまこそ攻《せ》めどきぞ」

そう言《い》うと、信長《のぶなが》は利家《としいえ》たち親衛隊《しんえいたい》をひきいて、敵《てき》の拠点《きょてん》である大嶽城《おおずくじょう》を攻《せ》め落《お》としてしまった。電光石火《でんこうせっか》のいきおいだった。

「桶狭間《おけはざま》の再来《さいらい》じゃ」

びっくりしているところに、朝倉軍《あさくらぐん》があわてて越前《えちぜん》へと退却《たいきゃく》をはじめたという知《し》らせがきた。これも信長《のぶなが》は、自《みずか》ら先陣《せんじん》となって追撃《ついげき》をはじめた。

「お館様《やかたさま》に遅《おく》れをとるな！」

馬《うま》にむちを当《あ》てたのは秀吉《ひでよし》だけではなかった。柴田勝家《しばたかついえ》も佐久間信盛《さくまのぶもり》も丹羽長秀《にわながひで》も滝川《たきがわ》一益《かずます》も、織田軍《おだぐん》の諸将《しょしょう》は信長《のぶなが》につづけと、風雨《ふうう》の中《なか》、全軍《ぜんぐん》で朝倉軍《あさくらぐん》を追《お》った。織田軍《おだぐん》のあまりにはやい動《うご》きを、小谷城《おだにじょう》の浅井軍《あざいぐん》はただ呆然《ぼうぜん》と眺《なが》めているだけだった。

この数年《すうねん》、あれほど信長《のぶなが》を手《て》こずらせた朝倉軍《あさくらぐん》だったというのに崩《くず》れるのははやかった。越前《えちぜん》へといたる道《みち》の間《あいだ》で、大軍同士《たいぐんどうし》の合戦《かっせん》もないまま、朝倉軍《あさくらぐん》は次々《つぎつぎ》と討《う》たれて数《かず》を減《へ》らしていった。いきおいづいた織田軍《おだぐん》は越前《えちぜん》へ乱入《らんにゅう》し、朝倉家《あさくらけ》の居城《きょじょう》がある一乗谷《いちじょうだに》を攻《せ》めた。

朝倉義景《あさくらよしかげ》は逃亡《とうぼう》したものの、味方《みかた》に裏切《うらぎ》られあえなく自刃《じじん》した。

「なんたる見事《みごと》な戦《いくさ》ぶりだ」

秀吉《ひでよし》は、いざというときの信長《のぶなが》の判断力《はんだんりょく》と行動力《こうどうりょく》に目《め》をみはった。そして思《おも》った。

――お館様《やかたさま》は必《かなら》ず天下人《てんかびと》になる。

ただひとつ、ここでも納得《なっとく》できないことがあった。信長《のぶなが》は、よほど朝倉《あさくら》が憎《にく》かったのか、戦《いくさ》が終《お》わると、降伏《こうふく》した朝倉義景《あさくらよしかげ》の一族《いちぞく》のほとんどを処刑《しょけい》してしまった。「なにもそこまでせずとも」というのが秀吉《ひでよし》の本音《ほんね》だった。

朝倉《あさくら》の次《つぎ》は浅井《あざい》だった。

「サル、先鋒《せんぽう》はそちにまかせる」

山《やま》の上《うえ》にある小谷城《おだにじょう》には浅井長政《あざいながまさ》のいる本丸《ほんまる》と、その父《ちち》・浅井久政《あざいひさまさ》のこもる小丸《こまる》があった。秀吉《ひでよし》は信長《のぶなが》からあずかった三千《ぜん》の兵《へい》で、まず本丸《ほんまる》と小丸《こまる》の間《あいだ》にある京極丸《きょうごくまる》を占拠《せんきょ》して父子《ふし》を分断《ぶんだん》した。久政《ひさまさ》は、もはやこれまでと自害《じがい》。浅井長政《あざいながまさ》も必死《ひっし》の抵抗《ていこう》を見《み》せたが落城《らくじょう》は時間《じかん》の問題《もんだい》だった。

しかし、秀吉《ひでよし》はよろこんでいるばかりではなかった。

「長政《ながまさ》は、お市《いち》の方様《かたさま》をどうするつもりだろう」

言《い》うまでもなく、お市《いち》を引《ひ》き渡《わた》すようにと使者《ししゃ》は出《だ》した。あとは長政《ながまさ》の判断次第《はんだんしだい》だった。

そこへ伝令《でんれい》が駆《か》けこんできた。

「藤掛永勝殿《ふじかけながかつどの》、ご帰参《きさん》！」

「藤掛殿《ふじかけどの》が？」

藤掛永勝《ふじかけながかつ》は、お市《いち》が浅井長政《あざいながまさ》に輿入《こしい》れする際《さい》に信長《のぶなが》が付《つ》き人《びと》にした織田家《おだけ》の家臣《かしん》だった。

「して、お市様《いちさま》はどうした。三人《にん》の姫《ひめ》は？」

「ごいっしょです。藤掛殿《ふじかけどの》が浅井長政殿《あざいながまさどの》よりたのまれて、わが陣《じん》にお連《つ》れしたと」

「それをはやく言《い》わんか！　すぐにここにお連《つ》れしろ」

浅井長政《あざいながまさ》は妻《つま》と娘《むすめ》たちの命《いのち》は救《すく》おうとしたようだ。秀吉《ひでよし》はさっそく本丸《ほんまる》を脱出《だっしゅつ》してきたお市《いち》に面会《めんかい》した。身軽《みがる》な小袖姿《こそですがた》となっていたお市《いち》は、七歳《さい》の茶々《ちゃちゃ》、四歳《さい》の初《はつ》、まだ赤《あか》ん坊《ぼう》の江《ごう》の三人《にん》の娘《むすめ》を連《つ》れていた。

「お市様《いちさま》……よくぞご無事《ぶじ》で。木下秀吉《きのしたひでよし》でございます」

ひざをつく秀吉《ひでよし》に、けれどお市《いち》の視線《しせん》は冷《つめ》たかった。

「この市《いち》のいる城《しろ》を、なぜ攻《せ》めたのか」

怒気《どき》をはらんだ声《こえ》に、秀吉《ひでよし》は言葉《ことば》に窮《きゅう》した。

「なぜ朝倉殿《あさくらどの》を攻《せ》めたのじゃ。朝倉《あさくら》を攻《せ》めぬことが浅井《あざい》と織田《おだ》との約束《やくそく》であったのに、なぜ反古《ほご》にしたのか」

「それは……」

いまさら言《い》われてもどうしようもないことだった。だいたい秀吉《ひでよし》は信長《のぶなが》の命《めい》にしたがっただけだ。

顔《かお》をあげられぬまま、三人《にん》の姫《ひめ》を見《み》ると、茶々《ちゃちゃ》も初《はつ》も、それに乳飲《ちの》み児《ご》の江《ごう》までもが自《じ》分《ぶん》をにらんでいる。母親《ははおや》に似《に》て美《うつく》しい娘《むすめ》たちだ。とくに茶々《ちゃちゃ》は母親以上《ははおやいじょう》の器量持《きりょうも》ちなのが、七歳《さい》にしてわかった。

〈わしはこの姫《ひめ》たちから、父《ちち》をうばうのか……〉

お市《いち》だって、本当《ほんとう》はわかっているはずだった。ここでいくら秀吉《ひでよし》を責《せ》めてもなんにもならないことくらいは。それでも責《せ》めたくなるのが人《ひと》の心《こころ》というものだ。

「お市様《いちさま》、木下殿《きのしたどの》はお館様《やかたさま》より先鋒《せんぽう》の役目《やくめ》をお受《う》けなさっただけです」

見《み》るに見《み》かねたのか、藤掛永勝《ふじかけながかつ》が割《わ》って入《はい》った。

「わかっておる」

お市《いち》の声《こえ》はふるえていた。そこに今度《こんど》は前線《ぜんせん》から伝令《でんれい》がきた。

「本丸《ほんまる》が落《お》ちました」

勝利《しょうり》の報《ほう》だった。なのに秀吉《ひでよし》は顔《かお》をあげることができなかった。

「……長政殿《ながまさどの》はどうされた」

そうきくのが精一杯《せいいっぱい》だった。

「本丸御殿奥《ほんまるごてんおく》にてご自害《じがい》」

伝令《でんれい》の声《こえ》に、お市《いち》はぷいと横《よこ》を向《む》いた。「兄上《あにうえ》に会《あ》う」と、それだけ言《い》って秀吉《ひでよし》の陣《じん》を去《さ》っていた。


つらい勝利《しょうり》だった。一方《いっぽう》で、得《え》たものは大《おお》きかった。

浅井《あざい》・朝倉《あさくら》を滅《ほろ》ぼしたことで、信長《のぶなが》は北近江《きたおうみ》と若狭《わかさ》、越前《えちぜん》の二ケ国半《かこくはん》をあらたな領地《りょうち》にくわえた。気《き》がついてみれば、もともと尾張《おわり》の半分《はんぶん》しかなかった織田家《おだけ》の所領《しょりょう》は、尾張《おわり》、美濃《みの》、伊勢《いせ》、志摩《しま》、伊賀《いが》、大和《やまと》、河内《かわち》、和泉《いずみ》、摂津《せっつ》、山城《やましろ》、近江《おうみ》、若狭《わかさ》、越前《えちぜん》、播磨《はりま》と、十数ケ国《すうかこく》にまたがっていた。日本中《にほんじゅう》を見渡《みわた》しても、こんな大大名《だいだいみょう》はほかになかった。

そして、いよいよ秀吉《ひでよし》にもその日《ひ》がやってきた。

「サル、北近江《きたおうみ》をそちにやろう」

信長《のぶなが》は小谷城《おだにじょう》攻めの褒美《ほうび》として、浅井家《あざいけ》の旧領地《きゅうりょうち》である北近江《きたおうみ》十二万石《まんごく》を秀吉《ひでよし》の領地《りょうち》としてくれた。三十七歳《さい》にして、ついに秀吉《ひでよし》は夢《ゆめ》に見《み》ていた大名《だいみょう》になったのだった。

「やったぞ。これからはみんなで城《しろ》で暮《く》らすんじゃ！」

琵琶湖《びわこ》の湖畔《こはん》にある長浜《ながはま》の地《ち》に城《しろ》を築《きず》くことにした秀吉《ひでよし》は、ねねや、再婚相手《さいこんあいて》の夫《おっと》を亡《な》くして独《ひと》り身《み》になっていた母《はは》のなかをはじめ、一族《いちぞく》を長浜《ながはま》に呼《よ》び寄《よ》せた。親《しん》せきのなかにいる何人《なんにん》かの少年《しょうねん》たちは小姓《こしょう》として自分《じぶん》のそばに置《お》くこととした。また、近江《おうみ》の領内《りょうない》を歩《ある》いては、これぞと思《おも》う者《もの》たちを家臣《かしん》や小姓《こしょう》にとりたてた。七百《ひゃく》の兵《へい》しかいなかった侍大将《さむらいだいしょう》が数千《すうせん》の兵《へい》を動《うご》かす大名《だいみょう》になったのだから、家臣《かしん》はいくら増《ふ》やしても足《た》りないくらいだった。

長浜城《ながはまじょう》の小姓部屋《こしょうべや》に集《あつ》まった小姓《こしょう》たちは、まだ親元《おやもと》にいてもおかしくない年齢《ねんれい》の少年《しょうねん》たちだった。秀吉《ひでよし》は、ねねにたのんで彼《かれ》らの世話《せわ》をしてもらうことにした。

「ねね、あやつらのことは自分《じぶん》の子《こ》どもだと思《おも》って面倒《めんどう》をみてくれ」

「わかっております。みんな一人前《いちにんまえ》の武士《ぶし》に育《そだ》ててみせましょう」

秀吉《ひでよし》とねねの間《あいだ》には子《こ》がいなかった。そのさびしさをうめあわせるように、秀吉《ひでよし》はねねのまわりをやんちゃ盛《ざか》りの少年《しょうねん》たちでにぎやかにしたのだった。

大名《だいみょう》となったこの年《とし》、秀吉《ひでよし》は姓《せい》をこれまでの「木下《きのした》」から「羽柴《はしば》」へとあらためた。「羽《は》」は丹羽長秀《にわながひで》から、「柴《しば》」の字《じ》は柴田勝家《しばたかついえ》から借《か》り受《う》けたものだった。織田家《おだけ》の重臣《じゅうしん》たちのなかにはめざましく出世《しゅっせ》していく秀吉《ひでよし》をねたんでいる者《もの》もいる。そこで秀吉《ひでよし》は、先輩《せんぱい》の重臣《じゅうしん》たちを立《た》てる形《かたち》で「羽柴《はしば》」を名乗《なの》ることにしたのであった。

8 中国攻《ちゅうごくぜ》め

「状況《じょうきょう》からして七尾城《ななおじょう》はすでに落城《らくじょう》したにちがいありません。あわてて手取川《てどりがわ》を渡《わた》ったりはせず、ここはじっくり上杉方《うえすぎがた》の出方《でかた》を見《み》たほうがよろしいと思《おも》われます」

秀吉《ひでよし》がそう言《い》った瞬間《しゅんかん》だった。

「だまれサル、このばか者《もの》が！　お館様《やかたさま》がなにゆえ四万《まん》もの大軍《たいぐん》をわれらにあずけたと思《おも》う。すぐ目《め》の前《まえ》にいる上杉謙信《うえすぎけんしん》を成敗《せいばい》するためじゃ。さては越後《えちご》の龍《りゅう》こわさで臆《おく》したか」

柴田勝家《しばたかついえ》の怒鳴《どな》り声《ごえ》が、諸将《しょしょう》が居《い》ならぶ本陣《ほんじん》にこだました。風《かぜ》もないというのに陣幕《じんまく》が揺《ゆ》れるほどの大声《おおごえ》だった。

「勝家様《かついえさま》、秀吉《ひでよし》、いや羽柴筑前守殿《はしばちくぜんのかみどの》の言《い》うことにも一理《いちり》はあると思《おも》います。上杉謙信《うえすぎけんしん》は武《たけ》田信玄《だしんげん》とならぶ戦上手《いくさじょうず》。むやみに攻《せ》めかけては痛《いた》い目《め》にあいます」

友人《ゆうじん》を救《すく》おうと前田利家《まえだとしいえ》が身《み》を乗《の》り出《だ》すと、勝家《かついえ》はじろりとにらんだ。

「利家《としいえ》、お館様《やかたさま》から総大将《そうだいしょう》を命《めい》じられたのはわしじゃ。お前《まえ》までそんなことを言《い》うとはな。槍《やり》の又左《またざ》も大名《だいみょう》になって命《いのち》が惜《お》しくなったか」

「なにを言《い》われる。わしとてお館様《やかたさま》より命《めい》じられて勝家様《かついえさま》の与力《よりき》（補佐役《ほさやく》）となったのです。この命《いのち》、勝家様《かついえさま》にくれたも同然《どうぜん》。いかに勝家様《かついえさま》とて無礼《ぶれい》はゆるしませぬぞ」

「利家《としいえ》、もういい」

今度《こんど》は秀吉《ひでよし》がとりなす番《ばん》だった。

「権六殿《ごんろくどの》はどうしても上杉相手《うえすぎあいて》に戦《たたか》ってお手柄《てがら》を立《た》てたいようじゃ。お館様《やかたさま》が命《めい》じられたのは七尾城《ななおじょう》の救援《きゅうえん》であって、上杉《うえすぎ》との決戦《けっせん》ではない。わしはこんなばかばかしい戦《いくさ》はやっていられん」

「サル、軍議《ぐんぎ》の場《ば》では勝家《かついえ》と呼《よ》べ。こういう場《ば》で権六《ごんろく》と呼《よ》び名《な》を使《つか》っていいのはお館様《やかたさま》だけじゃ」

「おやおや、そういう権六殿《ごんろくどの》はわしのことを秀吉《ひでよし》どころか藤吉郎《とうきちろう》とすら呼《よ》ばすにサルと呼《よ》んでいるではございませんか」

「だまれ、サル！」

丹羽長秀《にわながひで》も、滝川一益《たきがわかずます》も、佐々成政《さっさなりまさ》も、まわりにいるだれもが先《さき》ほどからつづいている秀吉《ひでよし》と勝家《かついえ》ののしりあいに呆《あき》れはてていた。

天正《てんしょう》五年《ねん》（一五七七年《ねん》）、秀吉《ひでよし》は北陸《ほくりく》の加賀《かが》にいた。近江長浜《おうみながはま》の城主《じょうしゅ》となってから四年《ねん》がたっていた。

この四年《ねん》の間《あいだ》、信長《のぶなが》のいきおいはとどまることを知《し》らなかった。

天正《てんしょう》二年《ねん》（一五七四年《ねん》）には伊勢長島《いせながしま》の一向一揆《いっこういっき》を壊滅《かいめつ》させ、翌天正《よくてんしょう》三年《ねん》（一五七五年《ねん》）には武田信玄《たけだしんげん》の跡《あと》を継《つ》いだ武田勝頼《たけだかつより》を長篠《ながしの》の合戦《かっせん》で打《う》ち破《やぶ》っていた。相次《あいつ》ぐ勝利《しょうり》に信長自身《のぶながじしん》は朝廷《ちょうてい》より武門《ぶもん》の最高位《さいこうい》である右近衛大将《うこんえのだいしょう》の位《くらい》を贈《おく》られ、主《おも》だった家臣《かしん》たちもみんなそれぞれ大名《だいみょう》になり、官位《かんい》を与《あた》えられていた。秀吉《ひでよし》も従五位下筑前守《じゅごいげちくぜんのかみ》の位《くらい》をもらっていた。

もちろん、戦《いくさ》が終《お》わったわけではない。

武田《たけだ》には勝利《しょうり》した。となると、信長《のぶなが》の天下《てんか》を阻《はば》むのは「越後《えちご》の龍《りゅう》」こと上杉謙信《うえすぎけんしん》と、中国《ちゅうごく》を治《おさ》める毛利氏《もうりし》だった。秀吉《ひでよし》がこうして加賀《かが》に来《き》ているのも、織田方《おだがた》の七尾城《ななおじょう》から上杉《うえすぎ》に攻《せ》められているという知《し》らせが入《はい》ったからだった。信長《のぶなが》は「七尾城《ななおじょう》を救《すく》え」との命《めい》を出《だ》し、秀吉《ひでよし》を対上杉戦《たいうえすぎせん》の総大将《そうだいしょう》である柴田勝家《しばたかついえ》のもとに送《おく》りこんだ。

しかし、勝家《かついえ》は秀吉《ひでよし》が応援《おうえん》に来《き》たことをよろこばなかった。

墨俣《すのまた》の戦《いくさ》の頃《ころ》から、勝家《かついえ》は新参者《しんざんもの》の秀吉《ひでよし》を「サル」と小馬鹿《こばか》にしていた。ところが、小《こ》馬鹿《ばか》にしていたサルは、絶《た》え間《ま》なくつづく戦《たたか》いのなかでみるみる出世《しゅっせ》していった。そのサルが援軍《えんぐん》に来《き》たというのだから、勝家《かついえ》からすればおもしろくないことだっただろう。

だからといって、命《いのち》を賭《か》ける戦場《せんじょう》で人《ひと》の話《はなし》をまったく聞《き》いてくれないのにはこまった。さすがの秀吉《ひでよし》も、今回《こんかい》ばかりは頭《あたま》ごなしに自分《じぶん》の意見《いけん》を退《しりぞ》ける勝家《かついえ》に呆《あき》れるを通《とお》りこして怒《いか》りを覚《おぼ》えた。

挙《あ》げ句《く》、とうとうこんな口論《こうろん》となってしまった。

「わしは長浜《ながはま》に帰《かえ》る。大事《だいじ》な家臣《かしん》を無策《むさく》な大将《たいしょう》のもとで死《し》なせたくはないからな」

「おう帰《かえ》れ、帰《かえ》れ、お主《ぬし》なんぞがいなくてもわれらは上杉《うえすぎ》に勝利《しょうり》する。あとでほえ面《づら》かくな」

「では帰《かえ》るとさせていただく」

ごめん、と本陣《ほんじん》から出《で》てしまった秀吉《ひでよし》を、利家《としいえ》が「待《ま》て」と追《お》いかけてきた。

「なんじゃ利家《としいえ》、お主《ぬし》はいつもこういうときに追《お》いかけてくるな」

ふり向《む》いた秀吉《ひでよし》は、青《あお》い顔《かお》をした利家《としいえ》にニッと笑《わら》ってみせた。

「当《あ》たり前《まえ》だ。なにを笑《わら》っているんだ。勝手《かって》に陣《じん》を離《はな》れるなど、お館様《やかたさま》に知《し》られたら首《くび》がとぶぞ」

「覚悟《かくご》の上《うえ》だ」

半分《はんぶん》は本当《ほんとう》、半分《はんぶん》はうそだった。信長《のぶなが》のことだ。命《めい》にそむいたとして首《くび》をはねることは十分《じゅうぶん》にあり得《え》る。柴田勝家《しばたかついえ》も自分《じぶん》のことを悪《わる》く言《い》うにちがいない。

もちろん、こちらも言《い》いたいことは言《い》わせてもらう。

――わしは命《めい》に反《はん》しているわけではない。七尾城《ななおじょう》が上杉《うえすぎ》の手《て》に落《お》ちていれば、もはやわしはお役御免《やくごめん》のはずだ。そう判断《はんだん》して帰《かえ》ったと申《もう》し開《ひら》きをすればいいのだ。

それに、と秀吉《ひでよし》は思《おも》った。

――お館様《やかたさま》は、わしを必要《ひつよう》とされているはずじゃ。

いまや信長《のぶなが》は全国《ぜんこく》の諸大名《しょだいみょう》をしたがえるべく、各方面《かくほうめん》に軍勢《ぐんぜい》を派遣《はけん》している。北陸以外《ほくりくいがい》にも秀吉《ひでよし》の使《つか》い道《みち》はいくらでもあるはずだった。

――それにしても、わしはあの柴田勝家《しばたかついえ》というお人《ひと》とは、どうもうまくやっていけんようじゃな。

自分《じぶん》で言《い》うのもなんだが、秀吉《ひでよし》は人《ひと》づきあいには自信《じしん》があった。上役《うわやく》とも家臣《かしん》とも、ときには敵《てき》ともうまくつきあって今日《こんにち》までやってきた。勝家《かついえ》にも、相手《あいて》が自分《じぶん》を嫌《きら》っているのは承知《しょうち》の上《うえ》で、それでも「羽柴《はしば》」の姓《せい》の一字《じ》をもらったように常《つね》に敬意《けいい》を表《あらわ》してきた。けれど、勝家《かついえ》はまったく自分《じぶん》をみとめようとはしない。それどころか、以前《いぜん》にも増《ま》して嫌悪感《けんおかん》をむき出《だ》しにしている。

――くやしいのう。

勝家《かついえ》にばかにされているのがくやしいのではない。精一杯《せいいっぱい》がんばっても相手《あいて》の気持《きも》ちをかえることのできない自分《じぶん》の力《ちから》のなさがくやしかった。

「又左《またざ》」と秀吉《ひでよし》は二人《ふたり》きりのときにだけ呼《よ》ぶ言《い》い方《かた》で友人《ゆうじん》を呼《よ》んだ。

「世《よ》の中《なか》にはどうにもならんことがあるものだ。わしと柴田様《しばたさま》との仲《なか》がそういうものらしい」

「藤吉郎《とうきちろう》……」

「まあ、幸《さいわ》いなのは同《おな》じお館様《やかたさま》の家臣《かしん》だということだ。でなければ、わしと柴田様《しばたさま》は敵同《てきどう》士《し》になっていよう」

「そんなことを言《い》うな。勝家様《かついえさま》はあれでけっこうおやさしいところもあるのだ」

「人間《にんげん》、だれだって好《す》きな者《もの》にはやさしいさ。しかし、嫌《きら》いな者《もの》や気《き》にくわない者《もの》にも情《じょう》をかけることができるのが本当《ほんとう》の人物《じんぶつ》なのではないか。わしは、そういう男《おとこ》になりたいと思《おも》っている」

だまってしまった利家《としいえ》に、秀吉《ひでよし》は言《い》った。

「わしになにかあったら、ねねと豪《ごう》をたのむ」

豪《ごう》というのは、利家《としいえ》とまつからゆずられた養女《ようじょ》だった。二年前《ねんまえ》、二人《ふたり》は子《こ》のいない秀吉《ひでよし》とねねに、生《う》まれて間《ま》もない赤《あか》ん坊《ぼう》の豪《ごう》をくれたのだった。

心配《しんぱい》してくれている友人《ゆうじん》に礼《れい》を言《い》い、秀吉《ひでよし》は長浜《ながはま》へと帰《かえ》った。

秀吉《ひでよし》が去《さ》ったあと、柴田勝家《しばたかついえ》の指揮《しき》のもと、織田軍《おだぐん》は七尾城《ななおじょう》のある手取川《てどりがわ》の向《む》こう岸《ぎし》へと渡《わた》った。そこを待《ま》ち受《う》けていた上杉勢《うえすぎぜい》に攻撃《こうげき》され、千人以上《せんにんいじょう》の死者《ししゃ》を出《だ》す敗北《はいぼく》を喫《きっ》してしまった。

長浜《ながはま》にもどった秀吉《ひでよし》は、信長《のぶなが》からの呼《よ》び出《だ》しがあるまで、謀反《むほん》のうたがいを持《も》たれぬように、毎日《まいにち》、飲《の》めや歌《うた》えやの宴会《えんかい》を開《ひら》いてすごした。すると、信長《のぶなが》にしたがっていた松永《まつなが》久秀《ひさひで》が反乱《はんらん》を起《お》こし、大和《やまと》の信貴山城《しぎさんじょう》に籠城《ろうじょう》したという知《し》らせとともに、秀吉《ひでよし》にも鎮圧《ちんあつ》に向《む》かえという信長《のぶなが》の命令《めいれい》がきた。

「どうやらわしは賭《か》けに勝《か》ったようじゃ」

秀吉《ひでよし》は、信長《のぶなが》の息子《むすこ》の信忠《のぶただ》や大和守護《やまとしゅご》の筒井順慶《つついじゅんけい》、丹羽長秀《にわながひで》らと協力《きょうりょく》して信貴山城《しぎさんじょう》を攻《せ》め、これを落城《らくじょう》させた。かと思《おも》うと、今度《こんど》は「播磨《はりま》と但馬《たじま》を平定《へいてい》せよ」との命《めい》が下《お》りてきた。

「いよいよ中国攻《ちゅうごくぜ》めだな」

播磨《はりま》や但馬《たじま》の向《む》こうは織田《おだ》と敵対《てきたい》する毛利家《もうりけ》、宇喜多家《うきたけ》の勢力圏《せいりょくけん》だ。とくに毛利家《もうりけ》は中国地方《ちゅうごくちほう》の八ヶ国《かこく》を支配《しはい》する強敵《きょうてき》だった。信長《のぶなが》はその毛利《もうり》を攻《せ》めるのに、家臣《かしん》の中《なか》から秀吉《ひでよし》を選《えら》んだのだった。

秀吉《ひでよし》はもちろん、小六《ころく》や半兵衛《はんべえ》たちも相手《あいて》に不足《ふそく》なしとはりきった。播磨《はりま》や但馬《たじま》には一国《いっこく》を治《おさ》めるような大大名《だいだいみょう》はいない。秀吉《ひでよし》は次々《つぎつぎ》に播磨《はりま》、但馬《たじま》の国人《こくじん》たちを調略《ちょうりゃく》した。どうしても味方《みかた》につかない者《もの》は攻《せ》めた。二ヶ月《かげつ》もたった頃《ころ》には、二ヶ国《かこく》を平定《へいてい》していた。信長《のぶなが》は、その働《はたら》きに満足《まんぞく》して、秀吉《ひでよし》を近江《おうみ》にいる自分《じぶん》のもとへと呼《よ》んだ。

「安土《あづち》の城《しろ》もいよいよ完成《かんせい》が近《ちか》いな」

このとき、信長《のぶなが》は琵琶湖畔《びわこはん》の安土山《あづちやま》に自分《じぶん》の本城《ほんじょう》である安土城《あづちじょう》を築《きず》いていた。二年前《ねんまえ》からはじまっていた工事《こうじ》はだいぶ進《すす》み、あとは山上《さんじょう》の天守《てんしゅ》が完成《かんせい》するのを待《ま》つばかりといった状態《じょうたい》だった。

秀吉《ひでよし》は城内《じょうない》にある信長《のぶなが》の居館《きょかん》へと足《あし》を運《はこ》んだ。

「どうだサル、安土城《あづちじょう》は」

信長《のぶなが》は、勝家《かついえ》との一件《いっけん》など忘《わす》れたかのように上機嫌《じょうきげん》であった。

「はっ、天下人《てんかびと》にふさわしき城《しろ》です」

「ふむ。いずれこの城《しろ》に諸国《しょこく》の大名《だいみょう》があいさつに来《く》るようになるだろう。帝《みかど》もお招《まね》きするつもりじゃ」

「なんと、天子様《てんしさま》まで」

「当《あ》たり前《まえ》だ。天下《てんか》にはこの地《ち》より号令《ごうれい》を下《くだ》すのだからな」

当然《とうぜん》といった顔《かお》だった。

「そのためにも、中国《ちゅうごく》、四国《しこく》、九州《きゅうしゅう》をたいらげねばならん。東国《とうごく》もだ」

「お館様《やかたさま》ならきっとなしえましょう」

このいきおいなら、本当《ほんとう》に信長《のぶなが》は天下《てんか》を治《おさ》めてしまいそうだった。

「サルもはげみます。毛利《もうり》が屈服《くっぷく》すれば、西国《さいこく》の諸大名《しょだいみょう》は戦《たたか》わずしてお館様《やかたさま》にしたがうことでしょう」

そこまで言《い》って、秀吉《ひでよし》は信長《のぶなが》の横《よこ》に置《お》いてあるまるいものに目《め》をやった。正直《しょうじき》、さっきからずっと気《き》になっていたものであった。

「お館様《やかたさま》、それはいったいなんでしょう」

「これか。天下《てんか》だ」

「天下《てんか》、この玉《たま》が天下《てんか》ですか？」

「南蛮人宣教師《なんばんじんせんきょうし》のルイス・フロイスからもらったものだ。地球儀《ちきゅうぎ》といってな、天下《てんか》の地図《ちず》が描《えが》かれている」

天下《てんか》の地図《ちず》などというものが存在《そんざい》したことを、秀吉《ひでよし》はいままで知《し》らなかった。もっとおどろいたのは、自分《じぶん》たちの住《す》むこの日ノ本《ひのもと》以外《いがい》にも、天下《てんか》には国《くに》が無数《むすう》にあることだった。日ノ本《ひのもと》に近《ちか》いところだけでも、朝鮮《ちょうせん》や明《みん》、シャム、天竺《てんじく》といった国々《くにぐに》が「天下《てんか》」にはあった。

信長《のぶなが》はぱんぱんと地球儀《ちきゅうぎ》をたたいてみせた。

「わしがめざす天下《てんか》はこれじゃ」

「お館様《やかたさま》は、異国《いこく》も治《おさ》めるおつもりですか」

秀吉《ひでよし》は信《しん》じられない思《おも》いできいた。

「そうだ。日ノ本《ひのもと》を平定《へいてい》したら海《うみ》を渡《わた》る。朝鮮《ちょうせん》、明《みん》を平定《へいてい》し、まわりの国々《くにぐに》もしたがえる。目《め》の黒《くろ》いうちに天竺《てんじく》まで兵《へい》を進《すす》めるつもりだ」

「これはまた……おどろきました」

信長《のぶなが》は「ふん」と鼻《はな》を鳴《な》らした。

「南蛮人《なんばんじん》ははるか海《うみ》の向《む》こうからこの日ノ本《ひのもと》まで来《き》ている。やつらにできてわれらにできぬということはあるまい」

これくらいのことでおどろくな。信長《のぶなが》はそう言《い》っていた。

――ちがう。お館様《やかたさま》はわしらとはちがう。あまりに大《おお》きい。

「サル、海《うみ》の向《む》こうを見《み》たくはないか」

そう言《い》った信長《のぶなが》の顔《かお》は、まるで少年《しょうねん》のようであった。

――お館様《やかたさま》がこんな顔《かお》をされるとは……。

「見《み》たいです」と秀吉《ひでよし》は答《こた》えた。

「明《みん》に行《い》きたくはないか」

「行《い》きたいです」

「ならばはげめ。明《みん》を平定《へいてい》したのちは、わしはかの地《ち》にあらたな都《みやこ》を築《きず》く。日ノ本《ひのもと》は、ことによってはだれかにまかせよう。そちでもいいぞ」

ほかのだれかが言《い》うのなら、ただの与太話《よたばなし》で終《お》わるだろう。だが、目《め》の前《まえ》にいるのはほかでもない信長《のぶなが》だった。そして、信長《のぶなが》が話《はなし》の相手《あいて》としているのは自分《じぶん》だった。

かつては、尾張《おわり》の大《おお》うつけと言《い》われていた信長《のぶなが》。身《み》ひとつで針《はり》を売《う》っていた自分《じぶん》。しかし、二十数年《すうねん》の時《とき》がたったいま、信長《のぶなが》は天下人《てんかびと》となり、自分《じぶん》は大名《だいみょう》となった。

人《ひと》の一生《いっしょう》は、なにがどうなるかわからない。

言《い》えるのは、志《こころざし》を高《たか》く持《も》って一心《いっしん》にはげんだ者《もの》には、それにふさわしいなにかが待《ま》っているということだ。

——お館様《やかたさま》ならやれる。わしならばきっとなせる。

「お館様《やかたさま》！」

秀吉《ひでよし》はさけんだ。

「中国攻《ちゅうごくぜ》めはこのサルにおまかせくだされ。日ノ本《ひのもと》の西半分《にしはんぶん》、必《かなら》ずやお館様《やかたさま》に献上《けんじょう》いたします」

信長《のぶなが》は満足《まんぞく》げにうなずくと、お気《き》に入《い》りの茶器《ちゃき》をくれた。また、四男《なん》の秀勝《ひでかつ》を羽柴家《はしばけ》の養子《ようし》としてくれた。織田家中《おだかちゅう》でも、信長《のぶなが》の息子《むすこ》を養子《ようし》にもらったのは秀吉《ひでよし》だけだった。

9　本能寺《ほんのうじ》の変《へん》

中国地方《ちゅうごくちほう》は、古代《こだい》に定《さだ》められた五畿七道《ごきしちどう》のうち、山陽道《さんようどう》と山陰道《さんいんどう》のあわせて十六ヶ国《かこく》からなっている。このうち西《にし》の長門《ながと》、周防《すおう》、石見《いわみ》、安芸《あき》、出雲《いずも》、備後《びんご》、備中《びっちゅう》、伯耆《ほうき》は毛利領《もうりりょう》で、その東《ひがし》にある備前《びぜん》、美作《みまさか》は宇喜多家《うきたけ》が支配《しはい》していた。

信長《のぶなが》から中国攻《ちゅうごくぜ》めをまかされた秀吉《ひでよし》は、備前《びぜん》の東隣《ひがしどなり》の播磨《はりま》にある姫路城《ひめじじょう》を拠点《きょてん》に、西《にし》へ西《にし》へと攻《せ》め上《のぼ》ることとした。

この中国攻《ちゅうごくぜ》めでも、秀吉《ひでよし》はこれまで同様《どうよう》、ただ激《はげ》しく戦《たたか》うばかりではなく、敵《てき》を味方《みかた》につけるための調略《ちょうりゃく》をさかんに用《もち》いた。そのおかげで、二年後《ねんご》には、毛利《もうり》と組《く》んで立《た》ちふさがっていた宇喜多直家《うきたなおいえ》が織田方《おだがた》についてくれた。秀吉《ひでよし》は、これで一気《いっき》に毛利領《もうりりょう》へと迫《せま》ることが可能《かのう》となった。

しかし、世《よ》の中《なか》はそう簡単《かんたん》にはいかない。毛利方《もうりがた》の抵抗《ていこう》はしぶとく、ときには味方《みかた》だった者《もの》に逆《ぎゃく》に裏切《うらぎ》られたりと、戦況《せんきょう》は一進一退《いっしんいったい》をくりかえした。それでも秀吉《ひでよし》を陣頭《じんとう》に、中《ちゅう》国方面軍《ごくほうめんぐん》は駒《こま》をじわじわと西《にし》へと進《すす》めていった。

秀吉《ひでよし》の動員力《どういんりょく》は約《やく》二万《まん》。秀吉《ひでよし》がいちばんおそれていたのは、毛利《もうり》が全軍《ぜんぐん》で立《た》ち向《む》かってくることだった。中国《ちゅうごく》八ヶ《か》国《こく》ばかりか、九州《きゅうしゅう》でも筑前《ちくぜん》や筑後《ちくご》に領地《りょうち》を持《も》つ毛利《もうり》が総力《そうりょく》をあげたら、五万《まん》や六万《まん》の兵《へい》は押《お》しよせてきそうだった。秀吉《ひでよし》はそうはさせまいと、信長《のぶなが》とはかって、九州《きゅうしゅう》で毛利《もうり》と敵対《てきたい》している大名《だいみょう》たちと手《て》をむすび、背後《はいご》から毛利《もうり》を牽制《けんせい》した。

「あせるな。あせると事《こと》を仕損《しそん》じる」

秀吉《ひでよし》は、家臣《かしん》たちにも自分《じぶん》にもそう言《い》い聞《き》かせていた。信長《のぶなが》から聞《き》いた壮大《そうだい》な夢《ゆめ》を実現《じつげん》するには、まず目《め》の前《まえ》のひとつひとつの小《ちい》さな戦《いくさ》に勝利《しょうり》していくことが大事《だいじ》だった。そのために秀吉《ひでよし》は、たとえ時間《じかん》はかかっても、なるべく味方《みかた》に損害《そんがい》の出《で》ない戦法《せんぽう》を選《えら》んだ。

たとえば、播磨《はりま》の三木城《みきじょう》では竹中半兵衛《たけなかはんべえ》の知恵《ちえ》を借《か》りて、城《しろ》を囲《かこ》んで敵《てき》の食糧《しょくりょう》がなくなるのを待《ま》つ兵糧攻《ひょうろうぜ》めの策《さく》をとった。「腹《はら》が減《へ》っては戦《いくさ》はできぬ」とは本当《ほんとう》の話《はなし》で、食糧《しょくりょう》の尽《つ》きた敵《てき》は、城主《じょうしゅ》が切腹《せっぷく》するかわりに兵《へい》の命《いのち》を助《たす》けてほしいという条件《じょうけん》で城《しろ》を開《ひら》いた。時《じ》間《かん》はかかるし、派手《はで》さはないが、以後《いご》、秀吉《ひでよし》はこうした策《さく》を積極的《せっきょくてき》に取《と》り入《い》れた。

この三木城攻《みきじょうぜ》めの間《あいだ》に、秀吉《ひでよし》は半兵衛《はんべえ》を失《うしな》った。浅井《あざい》・朝倉攻《あさくらぜ》めの頃《ころ》から軍師《ぐんし》として秀《ひで》吉《よし》を支《ささ》えてくれた半兵衛《はんべえ》は、病《やまい》のため三十六歳《さい》の若《わか》さで世《よ》を去《さ》った。

半兵衛《はんべえ》は陣中《じんちゅう》で没《ぼっ》する前《まえ》、見舞《みま》いに来《き》た秀吉《ひでよし》にこうことづけた。

「中国攻《ちゅうごくぜ》めは、小《ちい》さな城《しろ》をひとつひとつ落《お》としていく戦《たたか》いです。けっして無理《むり》に攻《せ》めてはなりません」

「わかっている」

死《し》の床《とこ》についた軍師《ぐんし》は、かぼそい声《こえ》で、しかし、しっかりと言《い》った。

「わたしがあなたの家臣《かしん》となったのは、できるだけ兵《へい》を死《し》なせたくないというあなたの気《き》持《も》ちに共感《きょうかん》したからです。信長公《のぶながこう》は敵《てき》に対《たい》してきびしすぎる。相手《あいて》も人《ひと》です。もう少《すこ》し情《じょう》をかけないことには、天下《てんか》はまるくおさまりません」

「わかっているよ、半兵衛《はんべえ》」

秀吉《ひでよし》は半兵衛《はんべえ》の手《て》をとった。

「毛利《もうり》ともどこかの時点《じてん》で和睦《わぼく》なされませ。きっとそのときがきます」

信長《のぶなが》がそれをゆるすかどうかはわからない。だが、秀吉《ひでよし》は「うん」とうなずいた。半兵《はんべ》衛《え》は満足《まんぞく》したのか、まぶたを閉《と》じた。そして二度《ど》と目《め》を開《ひら》くことはなかった。

秀吉《ひでよし》が中国攻《ちゅうごくぜ》めにかかりきりになっているうちに、信長《のぶなが》はますます勢力《せいりょく》を拡大《かくだい》していた。最大《さいだい》の強敵《きょうてき》だった上杉謙信《うえすぎけんしん》は天正《てんしょう》六年《ねん》（一五七八年《ねん》）に病没《びょうぼつ》していた。十年《ねん》あまりも信長《のぶなが》を手《て》こずらせた石山本願寺《いしやまほんがんじ》も、天皇《てんのう》の勅命《ちょくめい》により法主《ほうしゅ》の顕如《けんにょ》が寺《てら》を織田方《おだがた》に引《ひ》き渡《わた》した。

天正《てんしょう》十年《ねん》（一五八二年《ねん》）になると、信長《のぶなが》は徳川家康《とくがわいえやす》とあわせて約《やく》十万《まん》の軍勢《ぐんぜい》で武田領《たけだりょう》に侵攻《しんこう》した。圧倒的《あっとうてき》な大軍《たいぐん》に追《お》いつめられた武田勝頼《たけだかつより》は、最後《さいご》は家臣《かしん》の裏切《うらぎ》りにあい自害《じがい》した。一時《いちじ》は信長《のぶなが》をおびやかす存在《そんざい》だった武田家《たけだけ》は、こうして滅亡《めつぼう》したのだった。

武田《たけだ》が滅《ほろ》んだ頃《ころ》、秀吉《ひでよし》は備中《びっちゅう》の高松城《たかまつじょう》を水攻《みずぜ》めにしていた。毛利軍《もうりぐん》は、いよいよ自領《じりょう》に入《はい》りこんできた秀吉《ひでよし》に対《たい》し、ついに行動《こうどう》に出《で》た。

四万《まん》の大軍《たいぐん》が高松城救援《たかまつじょうきゅうえん》のためにこちらに向《む》かってくる。その報《ほう》に接《せっ》した秀吉《ひでよし》は、安土城《あづちじょう》にいる信長《のぶなが》に自《みずか》ら援軍《えんぐん》に来《き》てほしいと使者《ししゃ》を送《おく》った。三ヶ月前《かげつまえ》の武田攻《たけだぜ》めでは信長《のぶなが》も出陣《しゅつじん》した。今度《こんど》は中国《ちゅうごく》の覇者《はしゃ》・毛利氏《もうりし》との決戦《けっせん》だ。ここいちばんの合戦《かっせん》の指揮《しき》をとるのは、やはり総大将《そうだいしょう》である信長《のぶなが》がふさわしい。秀吉《ひでよし》はそう考《かんが》えたのだった。

信長《のぶなが》は秀吉《ひでよし》の願《ねが》いを聞《き》き入《い》れることとした。まず明智光秀《あけちみつひで》に秀吉《ひでよし》の応援《おうえん》に向《む》かえと命令《めいれい》し、自分《じぶん》は長男《ちょうなん》の織田信忠《おだのぶただ》とともに京《きょう》に入《はい》った。

その朝《あさ》、秀吉《ひでよし》は小高《こだか》い場所《ばしょ》にある自分《じぶん》の本陣《ほんじん》から家臣《かしん》たちとともに高松城《たかまつじょう》を眺《なが》めていた。周囲《しゅうい》を土塁《どるい》で囲《かこ》んで水攻《みずぜ》めにした城《しろ》は、それだけ見《み》ると湖《みずうみ》にぽっかりとうかんだ姿《すがた》が美《うつく》しくも見《み》えた。しかし、その向《む》こうに見《み》える山《やま》には毛利《もうり》の大軍《たいぐん》がひしめいている。

「お館様《やかたさま》は、いつ来《こ》られるかな」

明智光秀隊《あけちみつひでたい》を先発《せんぱつ》とし、自分《じぶん》は京《きょう》の都《みやこ》で準備《じゅんび》をしたあとに備中《びっちゅう》に駆《か》けつける。信長《のぶなが》からの返事《へんじ》が届《とど》いたのは数日前《すうじつまえ》のことだ。

「あと半月《はんつき》もすれば来《こ》られるでしょう」

答《こた》えたのは、中国攻《ちゅうごくぜ》めから羽柴軍《はしばぐん》に軍師《ぐんし》としてくわわった黒田官兵衛《くろだかんべえ》だった。

「その前《まえ》に毛利《もうり》がどう出《で》るかだな」

毛利軍《もうりぐん》の目的《もくてき》は信長《のぶなが》との決戦《けっせん》ではなく、高松城《たかまつじょう》の救援《きゅうえん》だった。その高松城《たかまつじょう》は、梅雨《つゆ》の激《はげ》しい雨《あめ》のため、攻《せ》めた側《がわ》の秀吉《ひでよし》もこれ以上《いじょう》は攻《せ》めようがないほど水没《すいぼつ》していた。

「毛利《もうり》から使者《ししゃ》が来《き》ました」

伝令《でんれい》が文《ふみ》を持《も》ってやってきた。「来《き》たか」と秀吉《ひでよし》は文《ふみ》を読《よ》んだ。

「毛利輝元《もうりてるもと》は、高松城《たかまつじょう》の囲《かこ》いを解《と》くならば、備中《びっちゅう》、美作《みまさか》、伯耆《ほうき》を織田《おだ》に渡《わた》してもいいと言《い》ってきたぞ」

おお、と家臣《かしん》たちはどよめいた。

「城《しろ》ひとつのために三ヶ国《かこく》もよこすというのか」

「毛利輝元《もうりてるもと》というのは、とんだお人好《ひとよ》しじゃの」

はしゃいでいる家臣《かしん》たちを横目《よこめ》に、官兵衛《かんべえ》だけは「お待《ま》ちくだされ」と冷静《れいせい》だった。

「どうした、官兵衛《かんべえ》？」

たずねる秀吉《ひでよし》に官兵衛《かんべえ》は答《こた》えた。

「三ヶ国《かこく》では足《た》りませぬ。出雲《いずも》と備後《びんご》もくれと言《い》ってみましょう」

「官兵衛《かんべえ》、お前《まえ》は欲《よく》が深《ふか》いな」

同《おな》じ軍師《ぐんし》でも、竹中半兵衛《たけなかはんべえ》と黒田官兵衛《くろだかんべえ》では性格《せいかく》がちがった。半兵衛《はんべえ》にはどこか育《そだ》ちのよさからくる人《ひと》の好《よ》さのようなものがあったが、官兵衛《かんべえ》はそれとは逆《ぎゃく》に雑草《ざっそう》のように図太《ずぶと》いところがあった。共通《きょうつう》しているのは、二人《ふたり》とも軍事《ぐんじ》や敵《てき》との交渉《こうしょう》においては天才的《てんさいてき》なひらめきを持《も》っているところだった。高松城《たかまつじょう》の水攻《みずぜ》めも、最初《さいしょ》に考《かんが》えたのは官兵衛《かんべえ》だった。

「五ヶ国《かこく》などかわいいものです。安土《あづち》の上様《うえさま》であれば、毛利《もうり》の領地《りょうち》のすべてを渡《わた》せと言《い》うのではありませんか」

「まあ、そうだな」

信長《のぶなが》がこの場《ば》にいたら、どのみち毛利輝元《もうりてるもと》の申し出《もうで》は却下《きゃっか》されていることだろう。きっと武田《たけだ》を滅《ほろ》ぼしたように、毛利家《もうりけ》を根絶《ねだ》やしにしようとするにちがいない。

——お館様《やかたさま》に逆《さか》らったら、もはやこの日ノ本《ひのもと》では生《い》きる場所《ばしょ》はないのじゃ。

秀吉《ひでよし》はもう一度《ど》、曲輪《くるわ》の大半《たいはん》が沈《しず》んだ高松城《たかまつじょう》を眺《なが》めた。その様《さま》は、自分《じぶん》がそうしたにもかかわらずあわれに見《み》えた。

「使者《ししゃ》に持《も》たせる返書《へんしょ》はどうしますか」

官兵衛《かんべえ》が催促《さいそく》したときだった。また伝令《でんれい》がやってきた。

「京《きょう》から密書《みっしょ》だと？」

さては信長《のぶなが》から密命《みつめい》でもきたか。使者《ししゃ》を待《ま》たせておいてよかった。毛利《もうり》への返事《へんじ》は密書《みっしょ》を読《よ》んでからにしよう。そう考《かんが》えた秀吉《ひでよし》はいそいで密書《みっしょ》を開《ひら》いた。

ところが、密書《みっしょ》は自分宛《じぶんあて》ではなかった。

差出人《さしだしにん》は明智光秀《あけちみつひで》。宛先《あてさき》は毛利軍《もうりぐん》の大将《たいしょう》である小早川隆景《こばやかわたかかげ》であった。

「なぜ明智殿《あけちどの》が小早川隆景《こばやかわたかかげ》に密書《みっしょ》などを」

嫌《いや》な予感《よかん》がした。

密書《みっしょ》に目《め》を通《とお》した秀吉《ひでよし》はさけんだ。

「お、お館様《やかたさま》が！」

「お館様《やかたさま》が、どうされたというのです」

ふるえている秀吉《ひでよし》から、小一郎《こいちろう》が密書《みっしょ》を受《う》け取《と》り読《よ》みあげた。明智光秀《あけちみつひで》はこう言《い》っていた。

「さる六月《がつ》二日《か》、京都《きょうと》本能寺《ほんのうじ》にて信長《のぶなが》を討《う》った……」

「なんじゃと？　お館様《やかたさま》が亡《な》くなったというのか！」

小六《ころく》が密書《みっしょ》をのぞきこんだ。

「あ、明智殿《あけちどの》の謀反《むほん》だ」

状況《じょうきょう》はすぐに飲《の》みこめた。秀吉《ひでよし》の応援《おうえん》に向《む》かえと言《い》われた明智光秀《あけちみつひで》は、そうしたと見《み》せかけて本能寺《ほんのうじ》にいる信長《のぶなが》を急襲《きゅうしゅう》したのだった。光秀《みつひで》は信長《のぶなが》を討《う》つと、すぐにそれを毛利《もうり》に知《し》らせ、自分《じぶん》の味方《みかた》につけようとした。だが、密書《みっしょ》をたくされた使者《ししゃ》は、なにをまちがえたか毛利勢《もうりぜい》ではなく羽柴勢《はしばぜい》へとそれを届《とど》けてしまったのだった。

すぐに畿内《きない》にいる味方《みかた》から別《べつ》の知《し》らせも届《とど》いた。それによると、当日《とうじつ》、わずかな手勢《てぜい》しか持《も》たなかった信長《のぶなが》は、それでも奮戦《ふんせん》し、最後《さいご》は火《ひ》をかけた寺《てら》の奥《おく》で自刃《じじん》したという話《はなし》だった。息子《むすこ》の信忠《のぶただ》もまた、二条御所《にじょうごしょ》で明智勢《あけちぜい》を迎《むか》え撃《う》ち、命《いのち》を落《お》としたという。

——お館様《やかたさま》が、お館様《やかたさま》が死《し》んだ……。

あまりの衝撃《しょうげき》に、秀吉《ひでよし》は頭《あたま》が真《ま》っ白《しろ》になった。

——どうする。わしはどうすればいい？

すぐに「仇討《あだう》ち」という言葉《ことば》がうかんだ。しかし、目《め》と鼻《はな》の先《さき》には毛利勢《もうりぜい》がいる。京《きょう》の都《みやこ》はいま頃《ごろ》どうなっているだろう。

——明智《あけち》の軍勢《ぐんぜい》はおよそ一万数千《まんすうせん》。これに対抗《たいこう》できる軍勢《ぐんぜい》を持《も》っているのはだれだ。自分《じぶん》は都《みやこ》から遠《とお》くはなれた、ここ備中《びっちゅう》にいる。柴田勝家《しばたかついえ》や前田利家《まえだとしいえ》は北陸《ほくりく》で上杉勢《うえすぎぜい》と戦《たたか》っている。滝川一益《たきがわかずます》は関東《かんとう》で北条《ほうじょう》とにらみあっている。勝家《かついえ》とならぶ重臣《じゅうしん》だった佐久間《さくま》信盛《のぶもり》は、これまでの失態《しったい》を信長《のぶなが》に責《せ》められ、高野山《こうやさん》に追放《ついほう》されていた。いちばん近《ちか》くにいて、ある程度《ていど》の兵力《へいりょく》を持《も》っているのは大坂《おおさか》で四国《しこく》攻めの準備《じゅんび》をしている丹羽長秀《にわながひで》と信長《のぶなが》の三男《なん》の織田信孝《おだのぶたか》だろう。が、知《し》らせによると明智勢《あけちぜい》をおそれて多《おお》くの兵《へい》が逃亡《とうぼう》してしまったという。

——どうする。どうする。

うつむいてぶつぶつと念仏《ねんぶつ》のように唱《とな》えている秀吉《ひでよし》を、家臣《かしん》たちは見守《みまも》っている。

「殿《との》」

最初《さいしょ》に呼《よ》びかけたのは官兵衛《かんべえ》だった。

「皆《みな》が下知《げち》を待《ま》っていますぞ。お顔《かお》をお見《み》せくだされ」

「……………」

だまって顔《かお》をあげた秀吉《ひでよし》に官兵衛《かんべえ》は笑《わら》ってきいた。

「殿《との》、泣《な》いておられるか」

「当《あ》たり前《まえ》じゃ。お館様《やかたさま》が亡《な》くなったのだぞ。わしをここまでひきあげてくれたお方《かた》が」

涙《なみだ》がとまらなかった。疑問《ぎもん》を抱《いだ》いたこともあったが、信長《のぶなが》が自分《じぶん》にとって大恩人《だいおんじん》であることにかわりはない。その信長《のぶなが》が天下統一《てんかとういつ》という夢《ゆめ》を目前《もくぜん》に命《いのち》を絶《た》たれてしまったのだ。

主君《しゅくん》の無念《むねん》を思《おも》うと涙《なみだ》のひとつも出《で》ようというものだった。

「泣《な》き顔《がお》は殿《との》には似合《にあ》いませぬ」

「そうじゃ。秀吉《ひでよし》、下知《げち》をくれ」

小六《ころく》が言《い》った。

「兄上《あにうえ》、悲《かな》しんでばかりいる場合《ばあい》ではありませんぞ。これが毛利方《もうりがた》に知《し》られたら、われらは窮地《きゅうち》に立《た》たされます。援軍《えんぐん》が来《こ》ないことを知《し》った敵《てき》はいまぞ好機《こうき》とおそいかかってくるでしょう」

普段《ふだん》は冷静《れいせい》な小一郎《こいちろう》が青《あお》い顔《かお》をしていた。

「いやいや、待《ま》ってくだされ」

言《い》ったのは官兵衛《かんべえ》だった。

「窮地《きゅうち》、転《てん》じて好機《こうき》ですぞ！　すぐに毛利《もうり》と和睦《わぼく》しましょう。わたしが交渉《こうしょう》に行《い》きます」

「毛利《もうり》と和睦《わぼく》し、畿内《きない》にもどると言《い》われるか？」

「そうです。いやはや、殿《との》ほどのご武運《ぶうん》の持《も》ち主《ぬし》は見《み》たことがない」

「それはどういう意味《いみ》じゃ、官兵衛《かんべえ》」

秀吉《ひでよし》はきいた。武運《ぶうん》などという言葉《ことば》はいまの自分《じぶん》にはいちばん遠《とお》いものに感《かん》じる。

「お館様《やかたさま》が世《よ》を去《さ》られたいま、殿《との》に下知《げち》する者《もの》はこの天下《てんか》にだれ一人《ひとり》としておられぬ。殿《との》は己《おの》が道《みち》をただ進《すす》めばよいのですぞ」

「官兵衛《かんべえ》、それ以上《いじょう》は言《い》うな！」

秀吉《ひでよし》は軍師《ぐんし》を叱《しか》った。心《こころ》のなかでは「なんてやつだ」と呆《あき》れていた。

――こいつはお館様《やかたさま》が死《し》んで、かわりにわしに天下《てんか》への運《うん》が開《ひら》けたと言《い》っている。

軍師《ぐんし》の言《い》いたいことはわかる。しかし、いまはまだそんなことを考《かんが》えている状況《じょうきょう》ではなかった。

秀吉《ひでよし》は決然《けつぜん》として軍師《ぐんし》に命《めい》じた。

「お前《まえ》の仕事《しごと》は別《べつ》にあるだろう。すぐに毛利《もうり》と和睦《わぼく》だ。畿内《きない》にひきあげて、明智《あけち》を討《う》つぞ。お館様《やかたさま》の弔《とむら》い合戦《がっせん》じゃ」

「ははっ！」

「毛利《もうり》に気《き》づかれるな。交渉《こうしょう》はお前《まえ》に一任《いちにん》する」

「はっ、では和睦《わぼく》の条件《じょうけん》は、毛利《もうり》が言《い》うように三ヶ国《かこく》をゆずること、それに高松城《たかまつじょう》の城主《じょうしゅ》・清水宗治《しみずむねはる》の切腹《せっぷく》とひきかえに城兵《じょうへい》の命《いのち》を助《たす》けること、こんなところでいかがでしょう」

この提案《ていあん》を、まだ信長《のぶなが》の死《し》を知《し》らない毛利方《もうりがた》は受《う》け入《い》れた。秀吉《ひでよし》は和睦《わぼく》を成立《せいりつ》させると、すぐに全軍《ぜんぐん》を東《ひがし》へと向《む》けた。めざすは都《みやこ》だった。

この日《ひ》から、羽柴軍《はしばぐん》二万《まん》はわき目《め》もふらずに山陽道《さんようどう》を駆《か》けた。

秀吉《ひでよし》も、目《め》がさめているときはひたすら馬《うま》を走《はし》らせた。弁当《べんとう》のにぎりめしも馬《うま》の上《うえ》で食《た》べるほどだった。馬《うま》が疲《つか》れて走《はし》れなくなると、すぐにまた別《べつ》の馬《うま》に乗《の》りかえた。ときには兵《へい》たちを元気《げんき》づけるために、馬《うま》から下《お》りていっしょに歩《ある》いた。

――お館様《やかたさま》、仇《かたき》はきっとこの秀吉《ひでよし》が討《う》ってみせます。

頭《あたま》のなかには、「海《うみ》を渡《わた》る」と言《い》ったときの、少年《しょうねん》のような信長《のぶなが》の顔《かお》がうかんでいた。

――ご遺志《いし》は必《かなら》ずサルめが継《つ》いでみせます。

官兵衛《かんべえ》に言《い》われたときは叱《しか》った自分《じぶん》なのに、信長《のぶなが》を思《おも》うと自然《しぜん》とその考《かんが》えがうかぶのだから不思議《ふしぎ》だった。そんな秀吉《ひでよし》を、小六《ころく》や官兵衛《かんべえ》が横《よこ》から見《み》てはうれしそうな顔《かお》をしていた。

「なんだその顔《かお》は。お館様《やかたさま》が亡《な》くなられたというのに、お前《まえ》たちときたらよろこんでいるように見《み》えるぞ」

「よろこんで悪《わる》いか」

小六《ころく》は開《ひら》きなおっていた。

「お館様《やかたさま》のことは残念《ざんねん》じゃ。明智《あけち》ごときに討《う》たれたのではさぞやご無念《むねん》であっただろう。だが、考《かんが》えてみれば官兵衛《かんべえ》の言《い》うとおりだ。秀吉《ひでよし》、遠慮《えんりょ》はいらんぞ。これからは思《おも》うがままに生《い》きていくんじゃ」

「小六殿《ころくどの》の言《い》うとおりです」と官兵衛《かんべえ》も言《い》った。

「毛利攻《もうりぜ》めにしたがいながら感《かん》じておりました。殿《との》には信長公《のぶながこう》とはちがい相手《あいて》を思《おも》いやる気持《きも》ちがある。どちらが大器《たいき》かと言《い》えば、わたしは殿《との》だと思《おも》うのです。かまいません。明《あけ》智《ち》を倒《たお》し、そのまま天下《てんか》をとってしまいなされ」

「勝手《かって》に言《い》っておれ」

秀吉《ひでよし》は、しかし否定《ひてい》はしなかった。天下《てんか》のことはともかく、いちはやく明智光秀《あけちみつひで》を討伐《とうばつ》すれば、自分《じぶん》は織田家《おだけ》のなかでこれまで以上《いじょう》に力《ちから》を持《も》つことになるだろう。そうすれば家《か》臣《しん》たちをもっと豊《ゆた》かにしてやれる。大《おお》きな望《のぞ》みを持《も》つことは、けっして悪《わる》いことではないのだ。

それにしても明智光秀《あけちみつひで》はなぜ謀反《むほん》を起《お》こしたのか。大名《だいみょう》にまでしてもらっておきながら、どうして主君《しゅくん》を攻《せ》めたのか。たしかに信長《のぶなが》にはきびしすぎるところがある。それにがまんができなかったのだろうか。

――いや、あれこれ考《かんが》えても無駄《むだ》なことじゃ。明智光秀《あけちみつひで》は討《う》たねばならぬ敵《てき》。いまはただそれだけだ。

畿内《きない》までの道《みち》を、羽柴軍《はしばぐん》はわずか十日《かか》で駆《か》けぬけた。途中《とちゅう》の姫路城《ひめじじょう》では、秀吉《ひでよし》は蔵《くら》にある金《かね》をすべて兵《へい》たちに分《わ》け与《あた》えた。酒《さけ》もふるまった。

「正義《せいぎ》はわれらにある。ちかって明智光秀《あけちみつひで》を討《う》つぞ！」

総大将《そうだいしょう》の決意《けつい》に、全軍《ぜんぐん》が「おおう！」と声《こえ》をそろえた。

摂津《せっつ》までもどると、待機《たいき》していた丹羽長秀《にわながひで》と信長《のぶなが》の三男《なん》である織田信孝《おだのぶたか》、池田恒興《いけだつねおき》たちが羽柴軍《はしばぐん》に合流《ごうりゅう》した。畿内《きない》にいた武将《ぶしょう》たちのもとには明智光秀《あけちみつひで》から味方《みかた》になってほしいという誘《さそ》いがきていたが、ほとんどの者《もの》は主君《しゅくん》を殺《ころ》した光秀《みつひで》よりも、その仇《かたき》を討《う》とうという秀吉《ひでよし》の側《がわ》についた。

六月《がつ》十三日《にち》、都《みやこ》に近《ちか》い山崎《やまざき》の地《ち》で、羽柴《はしば》、明智《あけち》の両軍《りょうぐん》は激突《げきとつ》した。

信長《のぶなが》の仇討《あだう》ちという大義《たいぎ》に燃《も》える羽柴軍《はしばぐん》と、逆《ぎゃく》に主君殺《しゅくんごろ》しという負《お》い目《め》を持《も》つ明智軍《あけちぐん》とでは最初《さいしょ》から戦意《せんい》がちがった。軍勢《ぐんぜい》の数《かず》にも差《さ》があった。明智光秀《あけちみつひで》が一万《まん》三千《ぜん》ほどの兵《へい》しか集《あつ》めることができなかったのに対《たい》し、秀吉《ひでよし》は自分《じぶん》の軍勢《ぐんぜい》二万《まん》にくわえ、さらに各地《かくち》から集《あつ》まった二万《まん》の兵《へい》、合計《ごうけい》四万《まん》の戦力《せんりょく》で合戦《かっせん》にのぞむことができた。それでも明智勢《あけちぜい》は沼地《ぬまち》の多《おお》い山崎《やまざき》の地形《ちけい》を利用《りよう》してよく戦《たたか》ったが、最後《さいご》は総崩《そうくず》れとなり、敗走《はいそう》した。

明智光秀《あけちみつひで》はその敗走《はいそう》の途中《とちゅう》、落《お》ち武者狩《むしゃが》りにあい、命《いのち》を落《お》とした。本能寺《ほんのうじ》の変《へん》からたった十一日間《にちかん》の天下《てんか》であった。

10　信長《のぶなが》の後継者《こうけいしゃ》

明智光秀《あけちみつひで》を倒《たお》し、とりあえず信長《のぶなが》の仇討《あだう》ち合戦《がっせん》は終《お》わった。

次《つぎ》にしなければならないのは織田家《おだけ》の跡取《あとと》りをだれにするか決《き》めることだった。長男《ちょうなん》の信忠《のぶただ》は死《し》んだが、信長《のぶなが》には次男《じなん》の信雄《のぶかつ》や三男《なん》の信孝《のぶたか》をはじめ、何人《なんにん》もの息子《むすこ》たちがいた。そこで秀吉《ひでよし》と柴田勝家《しばたかついえ》、丹羽長秀《にわながひで》、池田恒興《いけだつねおき》の四人《にん》の重臣《じゅうしん》が尾張《おわり》の清洲城《きよすじょう》に集《あつ》まって、この問題《もんだい》について話《はな》しあうこととなった。

信雄《のぶかつ》と信孝《のぶたか》の二人《ふたり》は、自分《じぶん》こそが父《ちち》の跡《あと》を継《つ》ぐと宣言《せんげん》していた。柴田勝家《しばたかついえ》はというと、信孝《のぶたか》を次《つぎ》の織田家当主《おだけとうしゅ》にと考《かんが》えていた。勝家《かついえ》は信孝《のぶたか》が元服《げんぷく》するときには、信長《のぶなが》にたのまれて、大人《おとな》の証《あかし》である烏帽子《えぼし》を信孝《のぶたか》にかぶせていた。信雄《のぶかつ》よりも自分《じぶん》と親《した》しい信孝《のぶたか》を織田家《おだけ》の当主《とうしゅ》にすれば、自分《じぶん》が織田家《おだけ》を仕切《しき》ることができる。勝家《かついえ》がそう考《かんが》えているのはだれの目《め》にも明白《めいはく》だった。

山崎《やまざき》の合戦《かっせん》でともに明智光秀《あけちみつひで》を討《う》った丹羽長秀《にわながひで》と池田恒興《いけだつねおき》は、会議《かいぎ》がはじまる前《まえ》に「どうする？」と秀吉《ひでよし》にきいてきた。二人《ふたり》とも織田家《おだけ》の家臣《かしん》としては秀吉《ひでよし》よりも先輩《せんぱい》であったけれど、明智光秀《あけちみつひで》を倒《たお》すことができたのは秀吉《ひでよし》がいちはやく中国《ちゅうごく》からもどってきてくれたからだということがよくわかっていた。いまや三人《にん》のなかでいちばん発言力《はつげんりょく》があるのは秀《ひで》吉《よし》だった。

「筑前殿《ちくぜんどの》は、亡《な》きお館様《やかたさま》の四男《なん》である秀勝様《ひでかつさま》を養子《ようし》にお持《も》ちじゃ。秀勝様《ひでかつさま》を織田《おだ》家《け》にもどし、跡取《あとと》りとする手《て》もあると思《おも》うが」

池田恒興《いけだつねおき》が言《い》うと、丹羽長秀《にわながひで》も「それも一案《いちあん》だ」とうなずいた。むろん、秀吉《ひでよし》も考《かんが》えなかったわけではない。しかし、次男《じなん》と三男《なん》をさしおいて四男《なん》を跡取《あとと》りにするというのも不《ふ》自然《しぜん》な話《はなし》だった。柴田勝家《しばたかついえ》も「それではサルめがますます図《ず》にのる」と反対《はんたい》するだろう。

「お二人《ふたり》ともご安心《あんしん》なされ。もっといい手《て》があります」

秀吉《ひでよし》の言葉《ことば》の意味《いみ》を恒興《つねおき》と長秀《ながひで》が知《し》ったのは、会議《かいぎ》の場《ば》であった。

「織田《おだ》家《け》の跡取《あとと》りは三法師様《さんぼうしさま》。これにて決《けっ》したいと思《おも》います」

秀吉《ひでよし》が推薦《すいせん》したのは、本能寺《ほんのうじ》の変《へん》で亡《な》くなった信忠《のぶただ》の嫡男《ちゃくなん》であり、信長《のぶなが》の孫《まご》である三法《さんぼう》師《し》だった。

「待《ま》て。三法師様《さんぼうしさま》はまだ二歳《さい》。織田《おだ》家《け》を継《つ》ぐにははやすぎる」

反対《はんたい》したのは柴田勝家《しばたかついえ》だけだった。三法師《さんぼうし》はたしかにまだ幼子《おさなご》であったけれど、血筋《ちすじ》からいえば正統《せいとう》な織田《おだ》家《け》の跡取《あとと》りであった。勝家《かついえ》も、長秀《ながひで》と恒興《つねおき》に「後見役《こうけんやく》には信孝様《のぶたかさま》になってもらおう」と説得《せっとく》されると、しぶしぶながら同意《どうい》した。いくら織田家《おだけ》の筆頭家老《ひっとうかろう》とはいえ、明智光秀《あけちみつひで》を討伐《とうばつ》した秀吉《ひでよし》にはゆずらざるを得《え》なかった。

翌日《よくじつ》、正式《せいしき》に織田家《おだけ》の跡取《あとと》りとなった三法師《さんぼうし》に、家臣《かしん》たちがあいさつをすることになった。勝家《かついえ》はじめ、居《い》ならんだ織田《おだ》の重臣《じゅうしん》たちはぎょっとした。

「三法師様《さんぼうしさま》のおなりですぞ」

声《こえ》とともに現《あらわ》れたのは、三法師《さんぼうし》を抱《だ》いた秀吉《ひでよし》だった。

「皆々様《みなみなさま》、頭《あたま》を下《さ》げられよ」

秀吉《ひでよし》の言葉《ことば》に、重臣《じゅうしん》たちはあわてて頭《あたま》を下《さ》げた。秀吉《ひでよし》は三法師《さんぼうし》を抱《だ》いたまま、主君《しゅくん》の座《すわ》る上座《かみざ》に着席《ちゃくせき》した。

「織田家《おだけ》の家督《かとく》は三法師様《さんぼうしさま》が引《ひ》き継《つ》がれた。皆《みな》、以前《いぜん》にもまして忠節《ちゅうせつ》をちかってほしい」

広間《ひろま》いっぱいにひびく声《こえ》で言《い》いながら、秀吉《ひでよし》は〈権六殿《ごんろくどの》はさぞやお怒《いか》りだろうな〉と、目《め》の前《まえ》でひれふしている柴田勝家《しばたかついえ》のことを思《おも》った。

——だが、ここで遠慮《えんりょ》していたのでは、まとまるものもまとまらないのだ。

すでに丹羽長秀《にわながひで》や池田恒興《いけだつねおき》は秀吉《ひでよし》を織田家《おだけ》をひっぱる第一人者《だいいちにんしゃ》とみとめている。それに秀吉《ひでよし》が信長《のぶなが》の仇《あだ》を討《う》ったという話《はなし》は、いまでは日本《にほん》のすみずみにまで広《ひろ》まっていた。

——わしが織田家《おだけ》を、天下《てんか》を背負《せお》って立《た》たなくて、だれが立《た》つのだ。

秀吉《ひでよし》はその責任《せきにん》から逃《のが》れるつもりはなかった。あたかも自分《じぶん》が信長《のぶなが》になったかのように三法師《さんぼうし》を抱《だ》いて上座《かみざ》についたのもその証《あかし》だった。勝家《かついえ》にどう思《おも》われようと、織田家《おだけ》は自分《じぶん》と三法師《さんぼうし》を中心《ちゅうしん》にひとつにまとまっている。世間《せけん》にそう見《み》せることが大切《たいせつ》だった。でないと、せっかく信長《のぶなが》が統一《とういつ》しかけた世《よ》が、ふたたび乱《みだ》れてしまう。

「よいか！」

秀吉《ひでよし》の問《と》いに、重臣《じゅうしん》たちは「ははーっ」とひれ伏《ふ》したまま返事《へんじ》をした。

後継者《こうけいしゃ》を決《き》めると、諸将《しょしょう》にはそれぞれの領地《りょうち》をあらたに定《さだ》めた。

安土城《あづちじょう》と周辺《しゅうへん》の領地《りょうち》は三法師《さんぼうし》のものとなり、岐阜城《ぎふじょう》のある美濃《みの》は織田信孝《おだのぶたか》が、尾張《おわり》は織《お》田信雄《だのぶかつ》が治《おさ》めることとなった。

秀吉《ひでよし》は中国攻《ちゅうごくぜ》め以来《いらい》の領地《りょうち》であった播磨《はりま》にくわえ、旧明智領《きゅうあけちりょう》の丹波《たんば》や、河内《かわち》、山城《やましろ》といった畿内《きない》の国々《くにぐに》を所領《しょりょう》として得《え》た。そのかわりに信長《のぶなが》から最初《さいしょ》にもらった近江長浜《おうみながはま》十二万石《まんごく》はすぐ隣《となり》の越前《えちぜん》に領地《りょうち》を持《も》つ勝家《かついえ》に差《さ》し出《だ》した。これにより、秀吉《ひでよし》の所領《しょりょう》は百万《まん》石《ごく》を超《こ》え、織田家中最大《おだかちゅうさいだい》の大名《だいみょう》となった。

会議《かいぎ》の場《ば》では自分《じぶん》の力《ちから》を示《しめ》した秀吉《ひでよし》だったが、勝家《かついえ》に対《たい》する配慮《はいりょ》も忘《わす》れてはいなかった。近江長浜《おうみながはま》をゆずっただけではなく、秀吉《ひでよし》は勝家《かついえ》が独身《どくしん》であることを理由《りゆう》に、お市《いち》の方《かた》との結婚《けっこん》をすすめた。

「お市《いち》の方様《かたさま》はお館様《やかたさま》の妹《いもうと》です。勝家殿《かついえどの》がお市《いち》の方様《かたさま》と結《むす》ばれれば、織田家《おだけ》はますます安泰《あんたい》です」

勝家《かついえ》にことわる理由《りゆう》はなかった。明智討伐《あけちとうばつ》こそ秀吉《ひでよし》に遅《おく》れをとったものの、信長《のぶなが》の妹《いもうと》であるお市《いち》を妻《つま》とすれば、勝家《かついえ》の立場《たちば》はより強固《きょうこ》になる。お市《いち》の方《かた》は三人《にん》の娘《むすめ》をつれて勝家《かついえ》のもとへと嫁《とつ》いだ。秀吉《ひでよし》としては、好《す》き嫌《きら》いはともかくとして、これまで織田家《おだけ》を支《ささ》えてきた勝家《かついえ》に対《たい》して精一杯《せいいっぱい》のはからいをしたつもりだった。

だが、二人《ふたり》の間《あいだ》にはすぐに亀裂《きれつ》が走《はし》った。

十月《がつ》、秀吉《ひでよし》は京《きょう》の大徳寺《だいとくじ》で信長《のぶなが》の葬儀《そうぎ》を営《いとな》むこととした。

しかし、参列者《さんれつしゃ》に柴田勝家《しばたかついえ》の名前《なまえ》はなかった。勝家《かついえ》は勝家《かついえ》で、同《おな》じ京《きょう》の妙心寺《みょうしんじ》で、お市《いち》を喪主《もしゅ》にして信長《のぶなが》の百日法要《ひゃくにちほうよう》を行《おこな》うことを発表《はっぴょう》した。

「おもしろい。勝家殿《かついえどの》は、どちらの葬儀《そうぎ》がお館様《やかたさま》の本物《ほんもの》の葬儀《そうぎ》か、わしと張《は》りあうつもりらしい」

信長《のぶなが》の遺体《いたい》は、燃《も》え盛《さか》る本能寺《ほんのうじ》とともに灰《はい》と化《か》したらしく見《み》つかっていない。そこで秀《ひで》吉《よし》は信長《のぶなが》そっくりの木像《もくぞう》をつくらせて棺桶《かんおけ》におさめた。参列者《さんれつしゃ》は三千人《ぜんにん》。警護《けいご》の兵《へい》は三万《まん》人《にん》という盛大《せいだい》な法要《ほうよう》は七日間《かかん》つづいた。規模《きぼ》といい、華《はな》やかさといい、勝家《かついえ》の出《だ》した葬式《そうしき》の比《ひ》ではなかった。

後継者問題《こうけいしゃもんだい》、それに信長《のぶなが》の葬儀《そうぎ》、ことごとく自分《じぶん》と対立《たいりつ》する秀吉《ひでよし》に、勝家《かついえ》はとうとう次《つぎ》の一手《いって》に出《で》た。

「勝家殿《かついえどの》は、岐阜《ぎふ》の信孝様《のぶたかさま》や伊勢《いせ》の滝川一益殿《たきがわかずますどの》と組《く》んで、わしを弾劾《だんがい》する手紙《てがみ》を方々《ほうぼう》に送《おく》りつけているそうだ」

大徳寺《だいとくじ》の一室《いっしつ》で、秀吉《ひでよし》は丹羽長秀《にわながひで》や池田恒興《いけだつねおき》たち仲《なか》のいい諸将《しょしょう》や家臣《かしん》たちに言《い》った。

「それならわたしのところにも来《き》ました」

答《こた》えたのはキリシタン大名《だいみょう》として知《し》られている高山右近《たかやまうこん》だった。

「同《おな》じく、それがしのところにも」

中川清秀《なかがわきよひで》だった。高山右近《たかやまうこん》も中川清秀《なかがわきよひで》も、山崎《やまざき》の合戦《かっせん》から秀吉《ひでよし》と行動《こうどう》を同《おな》じくしている武将《ぶしょう》だった。

二人《ふたり》を皮切《かわき》りに、みんな次々《つぎつぎ》に「自分《じぶん》のところにも届《とど》いた」と口《くち》にした。

弾劾状《だんがいじょう》の中身《なかみ》は、簡単《かんたん》に言《い》うといちゃもんだった。手紙《てがみ》には、秀吉《ひでよし》が勝手《かって》に城《しろ》を築《きず》いたり、領地《りょうち》を好《す》き勝手《かって》に分配《ぶんぱい》したり、清洲会議《きよすかいぎ》で決《き》めたことを破《やぶ》るようなことをしているといったことが勝家《かついえ》の目線《めせん》で書《か》かれていた。

「サルはけしからん。このままでは織田家《おだけ》を乗《の》っ取《と》るつもりにちがいない。そんなことになる前《まえ》に討《う》ってしまえ。勝家殿《かついえどの》や信孝様《のぶたかさま》はそう言《い》いたいのだろうな」

秀吉《ひでよし》が「ふう」とため息《いき》をつくと、「どっちがじゃ」と丹羽長秀《にわながひで》が異《い》を唱《とな》えた。

「信孝様《のぶたかさま》は後見役《こうけんやく》であるのをいいことに三法師様《さんぼうしさま》を安土《あづち》に移《うつ》すと言《い》いながら、岐阜城《ぎふじょう》にいる自分《じぶん》の手《て》もとから離《はな》そうとしない。これでは三法師様《さんぼうしさま》は信孝様《のぶたかさま》の人質《ひとじち》ではないか」

池田恒興《いけだつねおき》もうなずいた。

「いっそ岐阜城《ぎふじょう》を攻《せ》めて三法師様《さんぼうしさま》を取《と》りかえされてはいかがであろう」

「そうじゃ。われらには信雄様《のぶかつさま》もついておられる」

丹羽長秀《にわながひで》の言《い》うとおり、部屋《へや》には信長《のぶなが》の次男《じなん》の信雄《のぶかつ》もいた。秀吉《ひでよし》たちは三法師《さんぼうし》が成人《せいじん》するまでの間《あいだ》、信雄《のぶかつ》を織田家《おだけ》の当主《とうしゅ》にしようと決《き》めたばかりであった。

「こうなっては、勝家《かついえ》、信孝《のぶたか》との戦《いくさ》は避《さ》けられまい」

信雄《のぶかつ》が口《くち》にしたそれは、集《あつ》まった者全員《ものぜんいん》の思《おも》いであった。

「兄上《あにうえ》、どうされる?」

小一郎《こいちろう》がたしかめた。

「羽柴《はしば》か柴田《しばた》か。ここにいるわれらだけでなく、いまでは都《みやこ》の民《たみ》までが、どちらが勝《か》つかとうわさをしているらしい」

そうなのであった。山崎合戦《やまざきがっせん》で明智光秀《あけちみつひで》を討《う》って以来《いらい》、望《のぞ》む望《のぞ》まないにかかわらず、運命《めい》は秀吉《ひでよし》を柴田勝家《しばたかついえ》との戦《たたか》いに向《む》かわせていた。

——世《よ》の中《なか》には、避《さ》けられない戦《たたか》いというものがあるのかもしれんな。

秀吉《ひでよし》が覚悟《かくご》を決《き》めようとしているときだった。

能登《のと》にいた前田利家《まえだとしいえ》が、柴田勝家《しばたかついえ》の使者《ししゃ》として秀吉《ひでよし》をたずねてきた。

「おお、利家《としいえ》、ひさしぶりじゃのう」

「秀吉《ひでよし》、元気《げんき》そうでなによりじゃ」

会《あ》うのは何年《なんねん》ぶりだろう。おたがい、ここ五年《ねん》ほどは北陸《ほくりく》と中国《ちゅうごく》で戦《いくさ》に明《あ》け暮《く》れていた。

「豪《ごう》は達者《たっしゃ》にしておるぞ」

「ねね殿《どの》からの手紙《てがみ》で存《ぞん》じておる。よい娘《むすめ》に育《そだ》っているようだな」

和気《わき》あいあいとした話《はなし》はここまでだった。利家《としいえ》は「秀吉《ひでよし》との和睦《わぼく》」というむずかしい役《やく》目《め》を勝家《かついえ》から負《お》わされていた。

「和睦《わぼく》」と聞《き》いて、秀吉《ひでよし》は眉《まゆ》をひそめた。

「つまりなにか、勝家殿《かついえどの》はわしと仲《なか》なおりがしたいと申《もう》されておるのか」

「そうじゃ。勝家様《かついえさま》は、いまは織田家中《おだかちゅう》で争《あらそ》うときではないと言《い》っているのだ」

「あんな弾劾状《だんがいじょう》をあちらこちらにばらまいておきながらか……」

たしかに争《あらそ》うときではなかった。天下《てんか》はまだ統一《とういつ》されているわけではない。西国《さいこく》には毛利《もうり》も島津《しまづ》も長宗我部《ちょうそかべ》もいる。越後《えちご》には上杉《うえすぎ》が、関東《かんとう》には北条《ほうじょう》がいる。せっかく倒《たお》した武田《たけだ》の遺領《いりょう》である信濃《しなの》や甲斐《かい》は、信長《のぶなが》が死《し》んだどさくさまぎれに徳川家康《とくがわいえやす》が自分《じぶん》のものとしてしまった。うかうかしていると、どこからだれが攻《せ》めてくるかわかったものではなかった。

「利家《としいえ》、聞《き》いてくれ」

勝家《かついえ》の与力《よりき》とはいえ、相手《あいて》は親友《しんゆう》の利家《としいえ》だ。秀吉《ひでよし》は本音《ほんね》で話《はな》すことにした。

「勝家殿《かついえどの》がそなたをよこしたのは、時間《じかん》かせぎがしたいからではないか」

利家《としいえ》の表情《ひょうじょう》がにわかにかたくなった。

「これから季節《きせつ》は冬《ふゆ》だ。勝家殿《かついえどの》のいる北陸《ほくりく》は雪《ゆき》で身動《みうご》きがとれなくなる。その間《あいだ》に、もしわしが力《ちから》ずくで岐阜城《ぎふじょう》の信孝様《のぶたかさま》を攻《せ》めたらこまる。この和睦《わぼく》はそれが目的《もくてき》なのではないか」

「秀吉《ひでよし》、お主《ぬし》がどう考《かんが》えようとお主《ぬし》の自由《じゆう》だ。わしはただお主《ぬし》と和睦《わぼく》せよと勝家様《かついえさま》に言《い》われてきただけだ」

そう答《こた》える利家《としいえ》の顔《かお》は苦《くる》しげだった。どうやら図星《ずぼし》のようだった。利家《としいえ》もこれが勝家《かついえ》の時間《じかん》かせぎであることは重々承知《じゅうじゅうしょうち》なのだ。

「勝家殿《かついえどの》は、時間《じかん》をかせいで、その間《あいだ》に味方《みかた》を増《ふ》やそうとしているのだろう。毛利《もうり》や四国《しこく》の長宗我部《ちょうそかべ》、それに徳川家康殿《とくがわいえやすどの》などを自分《じぶん》の陣営《じんえい》にひきこんで、わしを包囲《ほうい》するつもりなのではないか」

「わしにはそこまではわからん」

利家《としいえ》はわからないとは言《い》っても「ちがう」とは言《い》わない。

「もちろん、わしとてだまってはいないぞ。越後《えちご》の上杉《うえすぎ》にはすでに使者《ししゃ》を出《だ》している」

「上杉《うえすぎ》は敵《てき》だぞ」

「ああ。上杉《うえすぎ》は柴田勝家殿《しばたかついえどの》にとっては敵《てき》だ。だが、わしには勝家殿《かついえどの》を後《うし》ろから攻《せ》めてくれる味方《みかた》だ」

「…………」

どう答《こた》えていいのか、利家《としいえ》が迷《まよ》っているのがわかる。「なあ、又左《またざ》よ」と秀吉《ひでよし》は言《い》った。「勝家殿《かついえどの》は、羽柴筑前守《はしばちくぜんのかみ》が織田家《おだけ》を乗《の》っ取《と》ろうとしているとふれまわっている。しかし、それはちがう。織田家《おだけ》は三法師様《さんぼうしさま》が継《つ》ぐ。わしはそれを支《ささ》える。織田家《おだけ》はこれで安泰《あんたい》だ」

だが、と秀吉《ひでよし》はつづけた。

「天下《てんか》はどうなる？」

「天下《てんか》だと」

「そうだ。世《よ》はまだ乱世《らんせい》のままだ。織田家《おだけ》は三法師様《さんぼうしさま》が継《つ》ぐとして、ではお館様《やかたさま》の天下統《てんかとう》一《いっ》はだれが跡《あと》を継《つ》ぐのだ。幼《おさな》い三法師様《さんぼうしさま》にそれができるか。あるいは信孝様《のぶたかさま》や信雄様《のぶかつさま》にそのご器量《きりょう》があるか。まして勝家殿《かついえどの》にその力《ちから》はあるのか」

織田家《おだけ》を継《つ》ぐ者《もの》が天下《てんか》を統一《とういつ》するのではない。織田家《おだけ》はだれかが継《つ》ぐ。そして天下《てんか》はそれにふさわしいだれかが統一《とういつ》する。秀吉《ひでよし》はそう言《い》っているのだった。

「藤吉郎《とうきちろう》、お前《まえ》……」

利家《としいえ》はおどろいていた。親友《しんゆう》が、まさか自《みずか》ら天下統一《てんかとういつ》を考《かんが》えているとは思《おも》っていなかったようだ。

「又左《またざ》、お館様《やかたさま》は中国攻《ちゅうごくぜ》めの前《まえ》にわしを安土城《あづちじょう》に呼《よ》んでこう言《い》った。日《ひ》ノ《の》本《もと》を統一《とういつ》したら、次《つぎ》は海《うみ》を渡《わた》って明《みん》を平定《へいてい》すると。天竺《てんじく》まで兵《へい》を進《すす》めると。わしに海《うみ》を渡《わた》りたくはないかと言《い》った」

「お館様《やかたさま》が、そのようなことをお主《ぬし》に言《い》ったのか」

「ああ言《い》った。南蛮人《なんばんじん》に海《うみ》を渡《わた》れて、なんでわれらにできないものかとな。わしはその話《はなし》を聞《き》いて、お館様《やかたさま》はなんと大《おお》きな方《かた》かと腰《こし》をぬかした。武田信玄《たけだしんげん》にも上杉謙信《うえすぎけんしん》にも、いわんや足利義昭殿《あしかがよしあきどの》になど、こんな考《かんが》えはまったくなかっただろうよ。わしはあらためて思《おも》った。この方《かた》の家来《けらい》になってよかったと。お館様《やかたさま》こそが真《しん》の天下人《てんかびと》だと。天下人《てんかびと》とは、ここまで壮大《そうだい》なことを考《かんが》えることができるお方《かた》なのじゃと。お館様《やかたさま》は、その夢《ゆめ》をわしに語《かた》ってくれた。自分《じぶん》とともに行《い》こうと言《い》ってくれた。わしは、そのお館様《やかたさま》のご遺志《いし》を継《つ》ぐつもりじゃ。だから又左《またざ》、わしの力《ちから》になってくれ。いっしょに、お館様《やかたさま》の描《えが》いた夢《ゆめ》をこの世《よ》のものとしてくれ！」

秀吉《ひでよし》は利家《としいえ》の手《て》をとった。利家《としいえ》は目《め》をふせた。

「し、しかし……わしはそのお館様《やかたさま》に勝家様《かついえさま》の与力《よりき》になれと命《めい》じられたのだ。勝家様《かついえさま》に協《きょう》力《りょく》して、北陸《ほくりく》で上杉《うえすぎ》に備《そな》えよと、そのために能登《のと》二十三万石《まんごく》の大名《だいみょう》にしてもらったのだ」

「お前《まえ》の立場《たちば》はわかっている。勝家殿《かついえどの》とわしの間《あいだ》にはさまれて、さぞや苦《くる》しいであろう」

たのむ、と秀吉《ひでよし》は頭《あたま》を下《さ》げた。

「わしに味方《みかた》してくれ。わしにはお前《まえ》が、前田利家《まえだとしいえ》が必要《ひつよう》なのじゃ」

「……たしかに、勝家様《かついえさま》にはお館様《やかたさま》のような器《うつわ》はない。海《うみ》を渡《わた》るなどとは考《かんが》えたこともないだろう。お館様《やかたさま》も勝家様《かついえさま》にそんな話《はなし》はしていないはずだ。お館様《やかたさま》は、藤吉郎《とうきちろう》、お前《まえ》を選《えら》んだのじゃ」

親友《しんゆう》をこれ以上《いじょう》追《お》い込《こ》んで苦《くる》しめてはいけない。

「又左《またざ》、わしはお前《まえ》を信《しん》じている」

秀吉《ひでよし》はそれだけ言《い》うと、うそとわかっている和睦《わぼく》の申《もう》し出《で》を受《う》け入《い》れる返書《へんしょ》を書《か》いた。

もはや迷《まよ》いはなかった。

――わしは天下《てんか》をとる。

いつからだろう。もしかしたら官兵衛《かんべえ》に言《い》われる前《まえ》からだったのかもしれないし、そのあとからだったのかもしれない。自分《じぶん》でも気《き》づかぬうちに、心《こころ》の苗床《なえどこ》にそっと植《う》えていた思《おも》いが、いまははっきりとこの目《め》に見《み》える。

天下《てんか》を統一《とういつ》して乱世《らんせい》に終止符《しゅうしふ》を打《う》つ。これからは戦《いくさ》で死《し》ぬ者《もの》がいない、民《たみ》が笑《わら》って暮《く》らせる平和《へいわ》な世《よ》とする。

——そのためにわしはなんでもしよう。

秀吉《ひでよし》は自分《じぶん》にちかった。

11　宣言《せんげん》

その晩《ばん》、秀吉《ひでよし》は古《ふる》くから仕《つか》えてきてくれた親《した》しい者《もの》たち、それに中国攻《ちゅうごくぜ》めから家臣《かしん》になった者《もの》たち、一族《いちぞく》や重臣《じゅうしん》たちを、自分《じぶん》の屋敷《やしき》として使《つか》っている京《きょう》の妙顕寺城《みょうけんじじょう》に集《あつ》めた。

「みんな、今日《きょう》までよくやってくれた。おかげでわしはお館様《やかたさま》の仇《かたき》を討《う》つことができた。百万石《まんごく》の大名《だいみょう》にもなれた。礼《れい》を言《い》うぞ」

あらたまって話《はなし》をする秀吉《ひでよし》を、全員《ぜんいん》が見《み》つめていた。

「思《おも》えば、故郷《こきょう》の尾張中村《おわりなかむら》を出《で》てから三十年《ねん》だ。あの頃《ころ》のわしは自分《じぶん》の身以外《みいがい》はなにも持《も》たぬ十五の小僧《こぞう》だった。いや、小僧《こぞう》どころかサルだった。それがいまではこんなにきれいなおべべが着《き》られるようになった」

金箔《きんぱく》の施《ほどこ》された羽織《はおり》をひらひらとさせる秀吉《ひでよし》に、みんな口《くち》もとをほころばせていた。

「もちろん、戦《いくさ》はまだまだつづくと思《おも》ってほしい」

ただし、と秀吉《ひでよし》はことわった。

「これまでの戦《いくさ》と、これからの戦《いくさ》はちがう」

そう口《くち》にして、秀吉《ひでよし》は自分《じぶん》でも表情《ひょうじょう》がひきしまるのを感《かん》じた。

「これまでの戦《いくさ》は、すべてお館様《やかたさま》に命《めい》じられての戦《たたか》いだった。比叡山《ひえいざん》焼《や》き討《う》ちのようなつらい戦《いくさ》もあった。いいや、つらい戦《いくさ》はこれからもあるだろう。金ヶ崎《かねがさき》の戦《いくさ》のように、命《いのち》からがらといった戦《いくさ》もあるかもしれない。だが、だれかに命《めい》じられての戦《いくさ》ではない。これからの戦《いくさ》は、すべてわしの意志《いし》で行《おこな》う、天下《てんか》とりのための戦《いくさ》だ」

天下《てんか》とり。その言葉《ことば》に、全員《ぜんいん》の背筋《せすじ》がぴんとのびたように見《み》えた。

「わしは亡《な》きお館様《やかたさま》のご遺志《いし》を継《つ》ぎ、天下《てんか》を統一《とういつ》する。天下人《てんかびと》となる。まずは柴田勝家殿《しばたかついえどの》を倒《たお》し、羽柴秀吉《はしばひでよし》こそが天下人《てんかびと》であることを世《よ》に示《しめ》す。朝廷《ちょうてい》からそれにふさわしき官位《かんい》もいただく。日ノ本《ひのもと》六十余州《よしゅう》に号令《ごうれい》を発《はっ》し、争《あらそ》っている各地《かくち》の大名《だいみょう》に戦《いくさ》をやめさせる。逆《さか》らう者《もの》は成敗《せいばい》する。毛利《もうり》も島津《しまづ》も長宗我部《ちょうそかべ》も上杉《うえすぎ》も徳川《とくがわ》も北条《ほうじょう》も、佐竹《さたけ》も伊達《だて》も最上《もがみ》も、全《ぜん》国《こく》の大名《だいみょう》を上洛《じょうらく》させ、服従《ふくじゅう》をちかわせる」

いつから自分《じぶん》はこれを考《かんが》えていたのだろう。稽古《けいこ》をつんだわけでもないのに、立《た》て板《いた》に水《みず》といった感《かん》じで口《くち》が動《うご》いた。

「争《あらそ》いをなくし、この日ノ本《ひのもと》の乱世《らんせい》を終《お》わらせる。民《たみ》の暮《く》らしもよくする。国中《くにじゅう》に検地奉《けんちぶ》行《ぎょう》を送《おく》って稲田《いなだ》を検地《けんち》し、どこでどれだけ米《こめ》がとれるか調《しら》べあげる。領主《りょうしゅ》と百姓《ひゃくしょう》たちとの間《あいだ》に立《た》って甘《あま》い汁《しる》をすっている者《もの》がいたらきびしく処分《しょぶん》し、貧《まず》しい百姓《ひゃくしょう》たちが食《た》べていけるようにする。同時《どうじ》に刀狩《かたなが》りを行《おこな》い、百姓《ひゃくしょう》たちが一揆《いっき》を起《お》こさぬようにする。一揆《いっき》など起《お》こさなくても、田畑《たはた》を耕《たがや》すだけで暮《く》らしていける世《よ》の中《なか》にしてやるんじゃ」

自分《じぶん》はただ天下《てんか》をとるのではない。世《よ》の中《なか》をかえるのだ。秀吉《ひでよし》はそう言《い》っているのだった。そして、そのためには家臣《かしん》たちの力《ちから》が必要《ひつよう》だ。

「小一郎《こいちろう》」

秀吉《ひでよし》はかたわらにいる実弟《じってい》を呼《よ》んだ。

「お前《まえ》はわしの弟《おとうと》だ。畿内《きない》にあって天下《てんか》をささえてほしい。近《ちか》いうちに行《おこな》う紀州征伐《きしゅうせいばつ》がすんだら、紀伊《きい》はお前《まえ》にやる。大和《やまと》や和泉《いずみ》もついでに治《おさ》めてくれ」

「はっ」と小一郎《こいちろう》は返事《へんじ》した。

「長吉《ながよし》」

次《つぎ》に呼《よ》ばれたのはとなりにいた浅野長吉《あさのながよし》だった。

「お前《まえ》には京都奉行《きょうとぶぎょう》でもたのもうか。とりあえずは近江《おうみ》のどこかで二、三万石《まんごく》。東国《とうごく》を平《へい》定《てい》したのちは甲斐《かい》一国《いっこく》でどうだ。甲斐《かい》なら二十万石《まんごく》は下《くだ》るまい」

「おそれながら、甲斐《かい》はいま徳川家康殿《とくがわいえやすどの》のご領地《りょうち》になっております」

「お館様《やかたさま》が亡《な》くなったのをいいことに横《よこ》から来《き》て泥棒《どろぼう》した領地《りょうち》であろう。そんなもの、とりあげるまでじゃ」

自信満々《じしんまんまん》の秀吉《ひでよし》に家臣《かしん》たちは笑《わら》った。

それから秀吉《ひでよし》は、次々《つぎつぎ》に親族《しんぞく》たちの名《な》を呼《よ》んだ。杉原家次《すぎはらいえつぐ》にその一門《いちもん》、自分《じぶん》の甥《おい》であり将来《しょうらい》の後継者候補《こうけいしゃこうほ》でもある十六歳《さい》の三好信吉《みよしのぶよし》、信長《のぶなが》から養子《ようし》にもらった十五歳《さい》の秀勝《ひでかつ》、父《ちち》の宇喜多直家《うきたなおいえ》が病死《びょうし》して以来《いらい》、我《わ》が子《こ》のようにかわいがっている十二歳《さい》の宇喜多八郎《うきたはちろう》と、少年《しょうねん》たちにいたるまで、一人一人《ひとりひとり》に領地《りょうち》を与《あた》えて大名《だいみょう》にすると宣言《せんげん》した。すでに大名《だいみょう》である宇喜多八郎《うきたはちろう》には、愛娘《まなむすめ》の豪《ごう》との結婚《けっこん》を約束《やくそく》した。

元服前《げんぷくまえ》の少年《しょうねん》にまで心配《こころくば》りする秀吉《ひでよし》を家臣《かしん》たちは熱《あつ》い目《め》で見《み》ていた。

親族《しんぞく》の次《つぎ》は家臣《かしん》たちだった。

「小六《ころく》」

秀長《ひでなが》や家次《いえつぐ》と同《おな》じ最前列《さいぜんれつ》には小六《ころく》がいた。

「お主《ぬし》は一族《いちぞく》の者《もの》をのぞけば真《ま》っ先《さき》にわしに仕《つか》えてくれた。海《うみ》のものとも山《やま》のものともわからないわしに人生《じんせい》を賭《か》けてくれた。だからわしも真《ま》っ先《さき》にお前《まえ》に報《むく》いたい。四国《しこく》を平定《へいてい》したら、阿波一国《あわいっこく》、蜂須賀家《はちすかけ》にくれてやろう」

「阿波一国《あわいっこく》とはありがたい。ならばはやく柴田《しばた》をかたづけて兵《へい》を四国《しこく》に向《む》けよう」

小六《ころく》は「わははは」と豪快《ごうかい》に笑《わら》った。そのとなりで笑《わら》っている前野長康《まえのながやす》や黒田官兵衛《くろだかんべえ》にも、秀吉《ひでよし》は同《おな》じように大名《だいみょう》の地位《ちい》を約束《やくそく》した。それだけではなかった。中村一氏《なかむらかずうじ》、堀尾吉《ほりおよし》晴《はる》、山内一豊《やまうちかずとよ》、田中吉政《たなかよしまさ》、一柳直末《ひとつやなぎなおすえ》、仙石秀久《せんごくひでひさ》など、美濃《みの》攻《ぜ》め、浅井《あざい》・朝倉《あさくら》攻《ぜ》めの頃《ころ》から常《つね》に羽柴軍《はしばぐん》の中心《ちゅうしん》となって働《はたら》いてきた家臣《かしん》たちにも、秀吉《ひでよし》は「お前《まえ》たちにもそろそろ城持《しろも》ち大名《だいみょう》になってもらわんとな」と語《かた》りかけた。

部屋《へや》の端《はし》には、家臣《かしん》たちのなかでもとりわけ若《わか》い武士《ぶし》たちがならんでいた。

「市松《いちまつ》、虎《とら》、孫六《まごろく》、紀之介《きのすけ》、それに佐吉《さきち》」

秀吉《ひでよし》が幼名《ようめい》で呼《よ》んだのは、後《のち》にそれぞれ、福島正則《ふくしままさのり》、加藤清正《かとうきよまさ》、加藤嘉明《かとうよしあき》、大谷吉継《おおたによしつぐ》、石田三成《いしだみつなり》を名乗《なの》ることとなる若者《わかもの》たちだった。

「お前《まえ》たちは小姓《こしょう》の頃《ころ》からわしが手塩《てしお》にかけた直臣《じきしん》だ。次《つぎ》の戦《いくさ》ではおおいに働《はたら》いてもらうぞ。出世《しゅっせ》して、大名《だいみょう》になってくれ」

若者《わかもの》たちは「ははっ」と応《こた》えた。

そのあとも、秀吉《ひでよし》は部屋《へや》にいる者全員《ものぜんいん》に声《こえ》をかけた。これまでの働《はたら》きをねぎらい、それぞれ「大名《だいみょう》にしてやる」とはげました。声《こえ》をかけられた家臣《かしん》たちはだれもが笑顔《えがお》になった。

――これでいい。

秀吉《ひでよし》は満足《まんぞく》だった。

今日《きょう》は家臣《かしん》たちに「夢《ゆめ》」を与《あた》えることができた。もはや不安《ふあん》はいっさいない。

――あとは天下《てんか》とりに突《つ》き進《すす》むだけだ。

あらためて家臣《かしん》たちを結束《けっそく》させた秀吉《ひでよし》は、十二月《がつ》、岐阜城《ぎふじょう》にこもる織田信孝《おだのぶたか》を攻《せ》めた。

信孝《のぶたか》はたまらずに、なかば人質《ひとじち》としていた三法師《さんぼうし》をかえしてきた。

年《とし》が明《あ》けて天正《てんしょう》十一年《ねん》（一五八三年《ねん》）になると、伊勢《いせ》で滝川一益《たきがわかずます》が兵《へい》をあげた。秀吉《ひでよし》はこれにもすかさず兵《へい》を向《む》け、滝川勢《たきがわぜい》を伊勢《いせ》から動《うご》けぬように封《ふう》じ込《こ》めた。

雪《ゆき》がとけはじめた三月《がつ》、とうとう柴田勝家《しばたかついえ》が動《うご》いた。

柴田軍《しばたぐん》三万《まん》に対《たい》し、羽柴軍《はしばぐん》は五万《まん》。両軍《りょうぐん》は近江《おうみ》の賤ヶ岳《しずがたけ》付近《ふきん》に砦《とりで》を築《きず》いてにらみあうこととなった。

12 勝利《しょうり》

一ケ月《かげつ》がすぎた。秀吉《ひでよし》と勝家《かついえ》はにらみあったまま、おたがいに動《うご》くことができずにいた。

「数《かず》ではわれらが上《うえ》。しかし勝家《かついえ》は歴戦《れきせん》の強者《つわもの》だ。こちらからはうかつに仕掛《しか》けるでないぞ」

軍議《ぐんぎ》の場《ば》で、秀吉《ひでよし》は動《うご》かない戦況《せんきょう》にじれている家臣《かしん》たちにそう言《い》った。

「そうですな。数《かず》でまさっているとはいえ、伊勢《いせ》には滝川一益《たきがわかずます》がいます。美濃《みの》の信孝様《のぶたかさま》も降伏《こうふく》なされたとはいえ、また歯向《はむ》かってくるかもしれません。油断《ゆだん》はできません」

官兵衛《かんべえ》は「しかし、こうなるといっそ信孝様《のぶたかさま》に兵《へい》でもあげてもらったほうがいいかもしれませんな」とつづけた。

背後《はいご》の岐阜《ぎふ》で信孝《のぶたか》が動《うご》けば、こちらも兵《へい》を割《さ》いて鎮圧《ちんあつ》にあたらなければならない。戦上手《いくさじょうず》の勝家《かついえ》がこの機《き》を見逃《みのが》すはずはなかった。

「こちらが手薄《てうす》になったところで攻《せ》めてこられたのでは不利《ふり》です」

だれかが言《い》うと、官兵衛《かんべえ》は「手薄《てうす》になったと見《み》せかけるのです」と言《い》った。秀吉《ひでよし》もうなずいた。

「そうじゃ。動《うご》けば、敵《てき》にもまた死角《しかく》が生《う》まれるだろう。山崎《やまざき》の合戦《かっせん》を思《おも》い出《だ》せ。あのときのように美濃《みの》からここまで大返《おおがえ》しをして、勝家《かついえ》がおどろいている間《あいだ》にその死角《しかく》を一気《いっき》に突《つ》くのだ」

「さよう。そのかわりこちらも砦《とりで》のひとつやふたつは敵《てき》にくれてやりましょう。しかけてきた敵《てき》に、まずは勝《か》ちをゆずる。そして相手《あいて》が油断《ゆだん》したところで一気《いっき》に攻《せ》めかかる」

秀吉《ひでよし》と官兵衛《かんべえ》が口《くち》にしているのは一種《いっしゅ》の「賭《か》け」であった。

だが、秀吉《ひでよし》には勝算《しょうさん》があった。

——柴田軍《しばたぐん》には必《かなら》ず死角《しかく》が生《う》まれる。

その死角《しかく》を、だれがつくるか。秀吉《ひでよし》は親友《しんゆう》を思《おも》った。

——利家《としいえ》、たのむぞ。

前田利家《まえだとしいえ》は五千《せん》の兵《へい》をひきいて柴田軍《しばたぐん》にくわわっていた。いまのところは敵《てき》だが、秀吉《ひでよし》は心《こころ》の奥底《おくそこ》で友《とも》が自分《じぶん》に味方《みかた》してくれると信《しん》じていた。

利家自身《としいえじしん》も、いつ動《うご》くか迷《まよ》っていることだろう。

——そのときは必《かなら》ず来《く》る。来《く》るはずだ。

思《おも》ったとおりだった。織田信孝《おだのぶたか》は、秀吉《ひでよし》が勝家《かついえ》と滝川一益《たきがわかずます》を相手《あいて》に動《うご》けぬと見《み》るや兵《へい》をあげた。秀吉《ひでよし》は官兵衛《かんべえ》や小一郎《こいちろう》を賤ヶ岳《しずがたけ》の近《ちか》くに残《のこ》して、信孝《のぶたか》を討《う》つために美濃《みの》の大垣城《おおがきじょう》に入《はい》った。賤ヶ岳《しずがたけ》から大垣《おおがき》は十三里《り》、軍勢《ぐんぜい》が移動《いどう》するには三日《か》はかかる距離《きょり》だった。

すると、勝家《かついえ》が兵《へい》を動《うご》かした。甥《おい》の佐久間盛政《さくまもりまさ》を先手《せんて》に羽柴軍《はしばぐん》の中川清秀《なかがわきよひで》が守《まも》る大岩山《おおいわやま》砦《とりで》に奇襲《きしゅう》をかけてきた。佐久間盛政《さくまもりまさ》は柴田軍一《しばたぐんいち》の猛将《もうしょう》であり、朝廷《ちょうてい》から玄蕃允《げんばのじょう》という官職《かんしょく》をもらっていたことから、敵《てき》にも味方《みかた》にも「鬼玄蕃《おにげんば》」と呼《よ》ばれおそれられていた。

不意《ふい》を突《つ》かれた中川清秀《なかがわきよひで》は「鬼《おに》」の猛攻《もうこう》に砦《とりで》から脱出《だっしゅつ》することができずに討《う》ち死《じ》にした。

「どうだ見《み》たか！」

勝《か》ちに乗《じょう》じた盛政《もりまさ》は、つづいてとなりにある岩崎山砦《いわさきやまとりで》も落《お》とした。砦《とりで》にいた高山右近《たかやまうこん》は守《まも》りきれぬと悟《さと》り、後方《こうほう》にあった小一郎《こいちろう》の陣《じん》へと逃《に》げのびた。

盛政《もりまさ》はさらに、近《ちか》くにいた官兵衛《かんべえ》の軍《ぐん》にもおそいかかった。秀吉《ひでよし》がいない間《あいだ》に勝敗《しょうはい》を決《けっ》しようとしているかのようだった。

敵《てき》の攻撃《こうげき》に、近《ちか》くに残《のこ》っている羽柴軍《はしばぐん》の拠点《きょてん》は賤ヶ岳砦《しずがたけとりで》だけとなった。その賤ヶ岳砦《しずがたけとりで》は援軍《えんぐん》に駆《か》けつけた丹羽長秀《にわながひで》の軍勢《ぐんぜい》がどうにか守《まも》りぬいたものの、戦況《せんきょう》は圧倒的《あっとうてき》に柴田軍《しばたぐん》が優勢《ゆうせい》であった。

大垣《おおがき》にいた秀吉《ひでよし》が盛政《もりまさ》の攻撃《こうげき》を知《し》ったのは翌日《よくじつ》の午後《ごご》のことだった。

「さすがは鬼玄蕃《おにげんば》、いいように暴《あば》れているようだな」

だが、と秀吉《ひでよし》は立《た》ちあがると、用意《ようい》していた馬《うま》にまたがった。

「これまでだ。者《もの》ども、賤ヶ岳《しずがたけ》にもどるぞ。決戦《けっせん》だ！」

美濃《みの》にいる信孝《のぶたか》の軍勢《ぐんぜい》などほうっておけばいい。いまは最大《さいだい》の敵《てき》である柴田勝家《しばたかついえ》を打倒《だとう》するときだった。

こうなることは予想《よそう》していた。秀吉《ひでよし》は賤ヶ岳《しずがたけ》までの十三里《り》の間《あいだ》にある村々《むらむら》に、あらかじめ道《みち》を照《て》らす松明《たいまつ》や兵《へい》に与《あた》える食事《しょくじ》を用意《ようい》させていた。移動《いどう》に不安《ふあん》のない兵《へい》たちは、大将《たいしょう》を先頭《せんとう》に道《みち》を駆《か》けた。全軍《ぜんぐん》が十三里《り》を走《はし》りきるのにたったの半日《はんにち》、羽柴軍《はしばぐん》は夜《よる》には賤ヶ岳《しずがたけ》付近《ふきん》にもどっていた。

一晩《ひとばん》、強行軍《きょうこうぐん》で疲《つか》れた兵《へい》を休《やす》ませた秀吉《ひでよし》は、次《つぎ》の日《ひ》の明《あ》け方《がた》から佐久間勢《さくまぜい》に攻撃《こうげき》をかけた。

「馬印《うまじるし》を立《た》てろ。わしがもどったことを敵《てき》に教《おし》えてやれ」

羽柴秀吉《はしばひでよし》、ここにあり。秀吉《ひでよし》が帰《かえ》ってきたことを知《し》ると敵《てき》は動揺《どうよう》した。

「いまが攻《せ》めどきだ。かかれ、かかれ！」

秀吉《ひでよし》は陣《じん》の先頭《せんとう》に立《た》って兵《へい》たちに命《めい》じた。佐久間勢《さくまぜい》もおどろいているばかりではなかった。秀吉《ひでよし》がいると知《し》ると、佐久間盛政《さくまもりまさ》は自《みずか》ら槍《やり》をとって前線《ぜんせん》におどり出《で》てきた。

――盛政《もりまさ》、勇敢《ゆうかん》じゃのう。しかし、仕《つか》える主《あるじ》をまちがえたな。

秀吉《ひでよし》は金ヶ崎《かねがさき》の戦《いくさ》を思《おも》い出《だ》した。

――あのとき、敵《てき》と戦《たたか》いながら逃《に》げる途中《とちゅう》、わしは自分《じぶん》は絶対《ぜったい》に死《し》なないと思《おも》った。天《てん》はわしになにか大《おお》きなことをさせようとしている。そう感《かん》じた。あれは、こういうことだったのだ。

「天下《てんか》はわしがもらった。この戦《いくさ》、われらが勝《か》ちだ！」

秀吉《ひでよし》がさけんだときだった。戦場《せんじょう》を早馬《はやうま》が駆《か》けてきた。物見《ものみ》からの伝令《でんれい》だった。

「前田勢《まえだぜい》が兵《へい》を引《ひ》きました！」

「利家《としいえ》が陣払《じんばら》いをしたか」

柴田軍《しばたぐん》の一角《いっかく》をなしていた利家《としいえ》の軍《ぐん》が、戦《たたか》わずに退却《たいきゃく》をはじめたという知《し》らせだった。

利家《としいえ》は秀吉《ひでよし》との戦《たたか》いを避《さ》けようと、兵《へい》を引《ひ》きあげたのだ。

――利家《としいえ》、恩《おん》にきるぞ。

利家《としいえ》にとっては苦《くる》しい選択《せんたく》だっただろう。秀吉《ひでよし》との友情《ゆうじょう》と勝家《かついえ》への義理《ぎり》にはさまれた利《とし》家《いえ》は、戦《たたか》わずに兵《へい》を引《ひ》くという方法《ほうほう》を選《えら》んだ。秀吉《ひでよし》にはそれで十分《じゅうぶん》だった。

前田勢《まえだぜい》が戦場《せんじょう》を離脱《りだつ》したことで、柴田軍《しばたぐん》の戦意《せんい》は急速《きゅうそく》にしぼんだ。秀吉《ひでよし》は全軍《ぜんぐん》に攻撃《こうげき》を命《めい》じた。頑強《がんきょう》だった佐久間勢《さくまぜい》も総崩《そうくず》れとなった。羽柴軍《はしばぐん》はそのまま勝家《かついえ》の本隊《ほんたい》におそいかかった。勝家《かついえ》は持《も》ちこたえられずに越前《えちぜん》へと逃《に》げ帰《かえ》った。「おのれサル」と唇《くちびる》をかみしめている勝家《かついえ》の顔《かお》がうかぶようであった。

二日後《かご》、秀吉《ひでよし》は勝家《かついえ》の居城《きょじょう》である北《きた》ノ《の》庄城《しょうじょう》を大軍《たいぐん》で囲《かこ》んだ。先鋒《せんぽう》をつとめるのは前田利家《まえだとしいえ》の軍勢《ぐんぜい》だった。利家《としいえ》は賤《しず》ヶ《が》岳《たけ》から兵《へい》を引《ひ》くと越前《えちぜん》の府中城《ふちゅうじょう》に入《はい》った。そこで追撃《ついげき》してきた秀吉《ひでよし》と会《あ》い、降伏《こうふく》を申《もう》し出《で》た。利家《としいえ》によると、北《きた》ノ《の》庄城《しょうじょう》にもどった勝家《かついえ》にも、自分《じぶん》が秀吉《ひでよし》につくことを伝《つた》えたという。

秀吉《ひでよし》は、勝家《かついえ》を裏切《うらぎ》る形《かたち》となった利家《としいえ》に先鋒《せんぽう》を託《たく》すつもりはなかった。それはあまりに酷《こく》というものだった。しかし、利家《としいえ》は言《い》うのだった。

「勝家様《かついえさま》に、秀吉《ひでよし》につくのならお前《まえ》が先鋒《せんぽう》となって北《きた》ノ《の》庄城《しょうじょう》を攻《せ》めてこい。そしてわしの首《くび》をあげて手柄《てがら》にするといい、と言《い》われたよ」

「そうか……」

秀吉《ひでよし》は友《とも》の望《のぞ》むとおり、前田勢《まえだぜい》を城攻《しろぜ》めの先鋒《せんぽう》とした。北《きた》ノ《の》庄城《しょうじょう》には火《ひ》の手《て》があがり、柴田勝家《しばたかついえ》は妻《つま》であるお市《いち》の方《かた》とともに自害《じがい》して果《は》てた。お市《いち》の方《かた》の三人《にん》の娘《むすめ》は城《しろ》から脱出《だっしゅつ》したところを秀吉《ひでよし》が保護《ほご》した。

数年《すうねん》ぶりに再会《さいかい》したお市《いち》の娘《むすめ》たちは、年《とし》のぶんだけ成長《せいちょう》していた。長女《ちょうじょ》の茶々《ちゃちゃ》は十七歳《さい》の美《うつく》しい娘《むすめ》となっていた。

「お茶々殿《ちゃちゃどの》、すまぬな。わしにはこれしか言葉《ことば》がない」

娘《むすめ》たちにとっては、小谷城《おだにじょう》に次《つ》ぐ二度目《どめ》の落城《らくじょう》だった。しかも、二度《ど》とも相手《あいて》は秀吉《ひでよし》だった。

——お市《いち》の方様《かたさま》は、わしの顔《かお》を見《み》るのも嫌《いや》でご自害《じがい》なされてしまったのだろう。きっと三人《にん》の娘《むすめ》たちにも生涯《しょうがい》を通《とお》してうらまれるにちがいない。そう思《おも》うと、どうにもやるせなかった。

「戦《いくさ》は時《とき》の運《うん》です。しかたありません」

しかし、茶々《ちゃちゃ》は秀吉《ひでよし》を責《せ》めてはこなかった。

「それよりも、妹《いもうと》たちをよろしくお願《ねが》いいたします」

「もちろんじゃ。この秀吉《ひでよし》がお守《まも》りします」

そう答《こた》える秀吉《ひでよし》の目《め》を、茶々《ちゃちゃ》はじっと見《み》つめていた。まだ十七の娘《むすめ》だというのに、その瞳《ひとみ》には覚悟《かくご》を決《き》めた者《もの》だけが持《も》つ強《つよ》い光《ひかり》がこもっていた。

――なんと強《つよ》い女子《おなご》だろう。こんなに芯《しん》のしっかりした目《め》を持《も》つ者《もの》は男《おとこ》でもそうはいない。さすがはお館様《やかたさま》の姪御《めいご》じゃ。

秀吉《ひでよし》は、相手《あいて》が十七の娘《むすめ》であることを一瞬《いっしゅん》忘《わす》れるほど、茶々《ちゃちゃ》の瞳《ひとみ》に釘《くぎ》づけとなった。

「妹君《いもうとぎみ》たちだけではない。お茶々殿《ちゃちゃどの》にもお母上《ははうえ》のぶんまで生《い》きて、幸《しあわ》せになってもらいますぞ」

北ノ庄城《きたのしょうじょう》は落《お》ち、柴田勝家《しばたかついえ》は世《よ》を去《さ》った。秀吉《ひでよし》の勝利《しょうり》はまたたく間《ま》に各地《かくち》へと伝《つた》わった。上杉景勝《うえすぎかげかつ》や毛利輝元《もうりてるもと》からは勝利《しょうり》を祝《いわ》う手紙《てがみ》がきた。諸大名《しょだいみょう》はこの勝利《しょうり》により、秀吉《ひでよし》が次《つぎ》の天下人《てんかびと》であることをみとめることとなったのだった。

13　天下人《てんかびと》

天正《てんしょう》十八年《ねん》（一五九〇年《ねん》）、五十四歳《さい》になった秀吉《ひでよし》は相模国《さがみのくに》の小田原《おだわら》に、二十万《まん》の軍勢《ぐんぜい》とともに在陣《ざいじん》していた。

「茶々《ちゃちゃ》、あれが小田原城《おだわらじょう》じゃ」

秀吉《ひでよし》が指《ゆび》さす先《さき》には、北条氏政《ほうじょううじまさ》のこもる小田原城《おだわらじょう》があった。

「大《おお》きな城《しろ》ですね。まるで大坂城《おおさかじょう》のようです」

となりには、上方《かみがた》から呼《よ》び寄《よ》せた茶々《ちゃちゃ》がいた。賤ヶ岳《しずがたけ》の合戦《かっせん》から七年《ねん》、二十四歳《さい》の茶々《ちゃちゃ》は秀吉《ひでよし》の側室《そくしつ》となり、「鶴松《つるまつ》」と名《な》づけられた男《おとこ》の子《こ》を産《う》んでいた。

「ああ、武田信玄《たけだしんげん》も上杉謙信《うえすぎけんしん》も落《お》とせなかった難攻不落《なんこうふらく》の城《しろ》じゃ。しかし、わしにかかれば赤児《あかご》の手《て》をひねるようなものだ」

小田原城《おだわらじょう》は城下町《じょうかまち》までを堀《ほり》や土塁《どるい》で囲《かこ》んだ壮大《そうだい》な城《しろ》だった。大《おお》きさだけ見《み》れば、秀吉《ひでよし》が賤ヶ岳《しずがたけ》の戦《いくさ》の年《とし》に石山本願寺《いしやまほんがんじ》の跡地《あとち》に造《つく》った大坂城《おおさかじょう》に匹敵《ひってき》する。北条氏《ほうじょうし》はこの城《しろ》を拠点《きょてん》に、百年《ねん》の間《あいだ》、関東《かんとう》を支配《しはい》してきた。

「だが、力攻《ちからぜ》めはしないぞ。わしは北条氏政《ほうじょううじまさ》が降参《こうさん》するのを待《ま》つ。無駄《むだ》な血《ち》を流《なが》す気《き》はない」

秀吉《ひでよし》の後《うし》ろには、徳川家康《とくがわいえやす》、前田利家《まえだとしいえ》、上杉景勝《うえすぎかげかつ》、小早川隆景《こばやかわたかかげ》、吉川広家《きっかわひろいえ》、立花宗茂《たちばなむねしげ》、大友義統《おおともよしむね》、細川忠興《ほそかわただおき》、真田昌幸《さなだまさゆき》、佐竹義重《さたけよししげ》などの、全国《ぜんこく》から集《あつ》まった大名《だいみょう》たちが控《ひか》えていた。小田原城《おだわらじょう》は、彼《かれ》らの配下《はいか》の軍勢《ぐんぜい》に囲《かこ》まれていた。すぐ目《め》の前《まえ》の相模湾《さがみわん》も、秀吉《ひでよし》にしたがう長宗我部《ちょうそかべ》元親《もとちか》や九鬼《くき》嘉隆《よしたか》などがひきいる水軍《すいぐん》の軍船《ぐんせん》で埋《う》め尽《つ》くされていた。

この七年間《ねんかん》で、秀吉《ひでよし》は徳川家康《とくがわいえやす》をはじめ、四国《しこく》の長宗我部氏《ちょうそかべし》、九州《きゅうしゅう》の島津氏《しまづし》など、自分《じぶん》にしたがわない大名《だいみょう》たちを次々《つぎつぎ》と攻《せ》めては臣下《しんか》としてきた。ただし、相手《あいて》を攻《せ》め滅《ほろ》ぼすようなことはせず、服従《ふくじゅう》した者《もの》には温情《おんじょう》をもって接《せっ》してきた。

賤ヶ岳《しずがたけ》の合戦《かっせん》での勝利《しょうり》を祝《いわ》ってきた越後《えちご》の上杉《うえすぎ》や中国《ちゅうごく》の毛利《もうり》には、これまでどおりの領《りょう》地《ち》を保証《ほしょう》した。徳川家康《とくがわいえやす》とは一戦《いっせん》に及《およ》んだが、交渉《こうしょう》の末《すえ》、最後《さいご》は家康《いえやす》が大坂《おおさか》に来《き》て秀吉《ひでよし》の家来《けらい》となった。

四国全土《しこくぜんど》を席巻《せっけん》していた長宗我部氏《ちょうそかべし》や、九州《きゅうしゅう》を我《わ》がものにしようとしていた島津氏《しまづし》は討《とう》伐《ばつ》はしたが、両者《りょうしゃ》とも降伏《こうふく》すると、それぞれもともとの領地《りょうち》である土佐《とさ》や薩摩《さつま》を与《あた》えた。立花宗茂《たちばなむねしげ》や大友義統《おおともよしむね》のように最初《さいしょ》から秀吉《ひでよし》に味方《みかた》した大名《だいみょう》たちは、もちろんそのまま大名《だいみょう》として残《のこ》した。ほかにあらたに得《え》た土地《とち》には、家臣《かしん》たちを次々《つぎつぎ》に送《おく》りこんで大名《だいみょう》にしてやった。

武力《ぶりょく》で全国《ぜんこく》を平定《へいてい》する一方《いっぽう》、秀吉《ひでよし》は朝廷《ちょうてい》から信頼《しんらい》され、権大納言《ごんだいなごん》、内大臣《ないだいじん》、そして関白《かんぱく》、太政大臣《だじょうだいじん》と、官位《かんい》をきわめることとなった。名実《めいじつ》ともに、秀吉《ひでよし》は世《よ》のだれもがみとめる天《てん》下人《かびと》となったのだった。

関白《かんぱく》になった翌年《よくとし》の天正《てんしょう》十四年《ねん》（一五八六年《ねん》）には、羽柴《はしば》にかわり「豊臣《とよとみ》」の姓《せい》を名乗《なの》ることとなった。「豊臣秀吉《とよとみひでよし》」、それが天下人《てんかびと》となった秀吉《ひでよし》の名《な》であった。この年《とし》は、小六《ころく》こと蜂須賀正勝《はちすかまさかつ》が亡《な》くなった年《とし》でもあった。家臣《かしん》であり、友人《ゆうじん》でもあった小六《ころく》は最後《さいご》まで「秀吉《ひでよし》、お前《まえ》に賭《か》けてよかった」と自分《じぶん》の決断《けつだん》を誇《ほこ》りにしていた。蜂須賀家《はちすかけ》は、いまは小《こ》六《ろく》の息子《むすこ》の家政《いえまさ》の代《だい》となり、阿波《あわ》一国《いっこく》十七万石《まんごく》を治《おさ》めていた。

そして前年《ぜんねん》、天正《てんしょう》十七年《ねん》（一五八九年《ねん》）、側室《そくしつ》の茶々《ちゃちゃ》が生《う》んだ鶴松《つるまつ》は、秀吉《ひでよし》が待《ま》ちに待《ま》っていた自分《じぶん》の血《ち》をひく跡継《あとつ》ぎであった。

天下平定《てんかへいてい》は、あと一歩《いっぽ》であった。残《のこ》す敵《てき》は関東《かんとう》の北条氏《ほうじょうし》のみ。すでに北条《ほうじょう》以外《いがい》の関東《かんとう》や奥羽《おうう》の大名《だいみょう》たちの多《おお》くは秀吉《ひでよし》にしたがう姿勢《しせい》を見《み》せていた。

「それにしてもいい眺《なが》めですね」

茶々《ちゃちゃ》が言《い》うとおり、秀吉《ひでよし》が本陣《ほんじん》としている石垣山城《いしがきやまじょう》は、小田原城《おだわらじょう》を見下《みお》ろす山《やま》の中腹《ちゅうふく》にあった。

「ああ、この城《しろ》は敵《てき》に見《み》られぬように林《はやし》のなかにこっそり建《た》てたんじゃ。で、おおかたできあがったところで木《き》を全部《ぜんぶ》切《き》った。敵《てき》にはどう見《み》えたと思《おも》う」

「まるで一晩《ひとばん》で城《しろ》ができたかのように思《おも》えたでしょうね」

「そうだ。北条氏政《ほうじょううじまさ》もさぞやびっくりしたことだろう」

「こんなふうに毎日《まいにち》上《うえ》から見下《みお》ろされていては、へたな動《うご》きもとれませんね」

「ああ、こっちはこうして敵《てき》が降参《こうさん》するのを待《ま》っていればいい。茶々《ちゃちゃ》、お前《まえ》を上方《かみがた》から呼《よ》んだのも毎日退屈《まいにちたいくつ》でしょうがないからだ」

秀吉《ひでよし》が招《まね》いたのは茶々《ちゃちゃ》だけではない。茶人《ちゃじん》の千利休《せんのりきゅう》を呼《よ》んで茶会《ちゃかい》を開《ひら》いたり、役者《やくしゃ》たちに能《のう》を演《えん》じさせたりと、およそ戦場《せんじょう》とは思《おも》えぬのんびりした日々《ひび》を送《おく》っていた。

「関白殿下《かんぱくでんか》、そろそろよろしいでしょうか」

声《こえ》をかけてきたのは前田利家《まえだとしいえ》だった。利家《としいえ》は賤ヶ岳《しずがたけ》の合戦以降《かっせんいこう》、能登《のと》、加賀《かが》、越中《えっちゅう》の三国《ごく》を治《おさ》める大大名《だいだいみょう》となり、常《つね》に秀吉《ひでよし》の横《よこ》にあって豊臣政権《とよとみせいけん》を支《ささ》えてくれていた。

「おっ利家《としいえ》、今日《きょう》はなにかあったかな?」

「伊達政宗《だてまさむね》が来《き》ています」

「ああ、そうだったな」

この日《ひ》は奥州《おうしゅう》から小田原《おだわら》に参陣《さんじん》した伊達政宗《だてまさむね》を引見《いんけん》することになっていた。伊達政宗《だてまさむね》は北条氏政《ほうじょううじまさ》と同《おな》じようになかなか秀吉《ひでよし》にしたがわずにいたが、ここにきてとうとう呼《よ》び出《だ》しに応《こた》えたのだった。

「又左《またざ》、伊達政宗《だてまさむね》をどうしたらいいと思《おも》う?」

秀吉《ひでよし》がまわりに聞《き》こえないように声《こえ》をひそめたのは、自分《じぶん》でも迷《まよ》っているからだった。

政宗《まさむね》は、秀吉《ひでよし》が出《だ》した「大名同士《だいみょうどうし》は争《あらそ》ってはならぬ」という命《めい》にそむき、つい昨年《さくねん》も敵対《てきたい》していた蘆名家《あしなけ》を滅《ほろ》ぼし、二十四歳《さい》の若《わか》さで奥州《おうしゅう》の南半分《みなみはんぶん》を勢力下《せいりょくか》に置《お》いていた。

「あの若造《わかぞう》はまるで若《わか》い頃《ころ》の信長公《のぶながこう》きどりで奥州《おうしゅう》を我《わ》がものとしている。内心《ないしん》では天下《てんか》をねらっているにちがいない。本当《ほんとう》なら領地没収《りょうちぼっしゅう》の上《うえ》、切腹《せっぷく》だ。しかし、できれば無益《むえき》な殺生《せっしょう》はしたくないな」

「そう思《おも》うならゆるしてやったらどうか」

利家《としいえ》の言葉《ことば》に、秀吉《ひでよし》は救《すく》われた。

天下人《てんかびと》になってみて、わかったことがひとつある。

――天下人《てんかびと》とは孤独《こどく》なものだ。

天下《てんか》を治《おさ》める者《もの》は、万民《ばんみん》に平等《びょうどう》でなくてはならない。

が、世《よ》の中《なか》にはどちらが善《ぜん》か悪《あく》か、どちらが白《しろ》か黒《くろ》か、はっきりしないことが数《かぞ》えきれないほどある。天下人《てんかびと》はそれを裁《さば》かねばならない。ときには望《のぞ》む望《のぞ》まないにかかわらず非情《ひじょう》な命《めい》を下《くだ》さなければならないときがある。むろん、まわりの者《もの》たちからの意見《いけん》は聞《き》くし、知恵《ちえ》も借《か》りる。それでも最後《さいご》に決《き》めなければならないのは自分《じぶん》なのだ。

「奥州《おうしゅう》は上方《かみがた》とちがい、つい昨日《きのう》まで信長様《のぶながさま》が生《い》きておられた頃《ころ》のような争《あらそ》いのなかにあったのだ。突然《とつぜん》、戦《いくさ》をやめろと言《い》われてもそうはいかなかったのだろう」

秀吉《ひでよし》は友人《ゆうじん》に「わかった」と小《ちい》さくうなずいた。

「とりあえず会《あ》ってみよう」

本陣《ほんじん》で政宗《まさむね》と会《あ》ってみた秀吉《ひでよし》は、すぐにゆるすことに決《き》めた。

「伊達政宗《だてまさむね》でございます」

平伏《ひれふ》している政宗《まさむね》は、髷《まげ》をとき、真《ま》っ白《しろ》な死装束《しにしょうぞく》をまとっていた。幼《おさな》い頃《ころ》に病《やまい》で片目《かため》を失《うしな》ったと聞《き》いていたとおり、右目《みぎめ》には眼帯《がんたい》をしていた。その居住《いず》まいから、死罪《しざい》を覚悟《かくご》しているように見《み》える。

秀吉《ひでよし》はニヤッとした。

――こいつ、死《し》を覚悟《かくご》しているように見《み》せて、本当《ほんとう》は死《し》ぬ気《き》などないな。

政宗《まさむね》は秀吉《ひでよし》を相手《あいて》に賭《か》けに出《で》ているのだ。自分《じぶん》を生《い》かすか殺《ころ》すか、天下人《てんかびと》を相手《あいて》に逆《ぎゃく》に問《と》いかけてきているのだ。

――わざとらしく死装束《しにしょうぞく》など着《き》おって。こういう芝居《しばい》っ気《け》のあるやつは嫌《きら》いではないぞ。

信長《のぶなが》きどりと思《おも》った政宗《まさむね》だったが、どちらかというと自分《じぶん》と似《に》ているようだ。若《わか》い頃《ころ》の自分《じぶん》は出世《しゅっせ》のことしか考《かんが》えず、ときにはいちかばちかの運試《うんだめ》しのようなことをしてきた。墨俣《すのまた》や金ヶ崎《かねがさき》では、人《ひと》をあっとおどろかせるような派手《はで》なことをしてみせた。そういうことを重《かさ》ねているうちに、大名《だいみょう》になり、やがて天下人《てんかびと》となったのだ。

「政宗《まさむね》、お前《まえ》は運《うん》がよかったな」

頭《あたま》を下《さ》げつづけている若者《わかもの》に秀吉《ひでよし》は声《こえ》をかけた。

「北条《ほうじょう》をたいらげたら、次《つぎ》は奥羽《おうう》の仕置《しお》きを行《おこな》う。お前《まえ》は案内役《あんないやく》になれ」

「はっ」

返事《へんじ》をする政宗《まさむね》の背中《せなか》には汗《あせ》がにじんでいた。秀吉《ひでよし》は政宗《まさむね》に近寄《ちかよ》ると、その背中《せなか》をぽんぽんとたたいた。そして耳《みみ》もとに顔《かお》を近《ちか》づけてささやいた。

「これから先《さき》、天下《てんか》をのぞむことはきっぱりとあきらめよ。お前《まえ》は乱世《らんせい》に生《う》まれるにはおそすぎたのだ。それを天命《てんめい》と思《おも》って生《い》きるがいい」

釘《くぎ》をさされた政宗《まさむね》は「ははっ」と地面《じめん》に額《ひたい》をつけた。

「男《おとこ》と生《う》まれたからには命《いのち》をかけて己《おの》が夢《ゆめ》を追《お》いたいものだ。その気持《きも》ちはわかる。けどな、平和《へいわ》な世《よ》も悪《わる》いものではないぞ」

政宗《まさむね》に言《い》ったことは、すべての武将《ぶしょう》に言《い》いたいことでもあった。

――この日ノ本《ひのもと》では、もう戦《いくさ》は起《お》こさない。

ふりかえってみれば、応仁《おうにん》の乱《らん》から百二十年《ねん》、この国《くに》は争《あらそ》いが絶《た》えなかった。合戦《かっせん》に次《つ》ぐ合戦《かっせん》で、世《よ》は乱《みだ》れつづけた。それを秀吉《ひでよし》は終《お》わらせようとしていた。

――乱世《らんせい》はもうすぐ終《お》わる。わしが終《お》わらせてみせる。

秀吉《ひでよし》は、政宗《まさむね》を下《さ》がらせると、もう一度《ど》、眼下《がんか》の小田原城《おだわらじょう》をにらみつけた。

――そして、この乱世《らんせい》を終《お》わらせたら……。

そこから先《さき》は、考《かんが》えるのをやめた。

――亡《な》きお館様《やかたさま》のご遺志《いし》を継《つ》ぐかどうか。海《うみ》を渡《わた》るべきかどうか。それが本当《ほんとう》にみんなのためになるかどうか。決《き》めるのはまだ先《さき》でいいだろう。

はじめのうちは天下《てんか》を統一《とういつ》したら、当然《とうぜん》のごとく明《みん》を攻《せ》めるつもりでいた秀吉《ひでよし》だったが、最近《さいきん》は迷《まよ》いも感《かん》じていた。はたしてそこまですべきなのか。自分《じぶん》で自分《じぶん》に問《と》いかける毎日《まいにち》だった。

北条氏政《ほうじょううじまさ》が降伏《こうふく》し、小田原城《おだわらじょう》が開城《かいじょう》したのは、それからしばらくのことだった。秀吉《ひでよし》は北条《ほうじょう》が支配《しはい》していた関東《かんとう》を徳川家康《とくがわいえやす》に与《あた》えることを決《き》めると、奥州《おうしゅう》へと出《で》かけた。伊達政《だてまさ》宗《むね》がしたがったこともあり、奥州《おうしゅう》の諸大名《しょだいみょう》は皆《みな》おとなしく秀吉《ひでよし》に服従《ふくじゅう》した。これにより、天下《てんか》は秀吉《ひでよし》のもと、ひとつになった。

上方《かみがた》に帰《かえ》った秀吉《ひでよし》は、だれよりも早《はや》くねねに会《あ》った。

「ねね、わしはやったぞ」

「おつかれさま。長《なが》い間《あいだ》、ごくろうさまでした」

そう話《はな》すねねも、髪《かみ》に白《しろ》いものが混《ま》じっていた。

結婚《けっこん》してから三十年近《ねんちか》い間《あいだ》、秀吉《ひでよし》が武将《ぶしょう》としてのつとめを果《は》たしてこられたのも、ねねがしっかりと家《いえ》をまとめていてくれたおかげだ。豪《ごう》も美《うつく》しい娘《むすめ》に成長《せいちょう》し、元服《げんぷく》して宇喜多《うきた》秀家《ひでいえ》と名乗《なの》るようになった八郎《はちろう》に嫁《とつ》がせることができた。ねねが育《そだ》ててきた小姓《こしょう》たちも立《りっ》派《ぱ》な武士《ぶし》となり、いまでは大名《だいみょう》になった。

「ねね、ありがとう。お前《まえ》のおかげで豊臣家《とよとみけ》はここまで栄《さか》えることができた」

「そうですね。あとは鶴松《つるまつ》さえすくすくと育《そだ》ってくれれば……」

ねねは、自分《じぶん》に子《こ》どもが生《う》まれなかったこともあって、秀吉《ひでよし》が側室《そくしつ》を持《も》つことにも反対《はんたい》はしなかった。若《わか》い頃《ころ》は焼《や》きもちを焼《や》いたこともあったが、いまでは関白《かんぱく》の正妻《せいさい》として、茶々《ちゃちゃ》のほかにもいる側室《そくしつ》たちを母親《ははおや》のような立場《たちば》で見守《みまも》ってくれていた。

「わしももう五十四歳《さい》だ」

信長《のぶなが》は四十九歳《さい》で死《し》んだ。強敵《きょうてき》だった上杉謙信《うえすぎけんしん》も四十九歳《さい》で亡《な》くなった。武田信玄《たけだしんげん》が死《し》んだのは五十三歳《さい》だった。この時代《じだい》、人《ひと》の人生《じんせい》は五十年《ねん》とされていた。

「跡継《あとつ》ぎさえいてくれれば思《おも》い残《のこ》すことはない」

疲《つか》れがたまっていたのだろう。自分《じぶん》でもおもいがけず弱気《よわき》な言葉《ことば》が出《で》た。

「あら、いやですね。お前様《まえさま》にはまだまだ生《い》きてもらわないとこまります」

「そうだな」

秀吉《ひでよし》はうなずいた。

「世《よ》はまだおさまったばかりだ。わしにはまだやることがある」

天下《てんか》を治《おさ》めるために行《おこな》っていたのは戦《いくさ》だけではない。秀吉《ひでよし》は全国《ぜんこく》の大名《だいみょう》たちを上方《かみがた》に呼《よ》ぶと、大坂《おおさか》や京都《きょうと》に屋敷《やしき》を与《あた》え、そこに住《す》むように命《めい》じた。合戦《かっせん》は、それぞれの大名《だいみょう》が自《じ》分《ぶん》の領地《りょうち》にいるから起《お》こる。大名《だいみょう》たちが中央《ちゅうおう》に顔《かお》をそろえていれば、かりにいさかいが起《お》きても話《はな》しあいで解決《かいけつ》ができるのだった。

一揆《いっき》を防《ふせ》ぐための刀狩《かたなが》りや平等《びょうどう》に税《ぜい》をとるための検地《けんち》も進《すす》めた。農民《のうみん》たちは武器《ぶき》をとりあげられたことで、かえって「これからは戦《いくさ》に駆《か》り出《だ》されなくてすむ」とよろこんだ。検《けん》地《ち》により、それまであやふやだった米《こめ》の穫《と》れ高《だか》もはっきりとわかるようになった。平等《びょうどう》な制度《せいど》のもとで、農民《のうみん》たちは米作《こめづく》りに専念《せんねん》できるようになった。

天下人《てんかびと》・豊臣秀吉《とよとみひでよし》の登場《とうじょう》で、世《よ》は平和《へいわ》になった。もう血《ち》で血《ち》を洗《あら》うような戦《いくさ》はない。日《ひ》ノ本中《のもとじゅう》の人々《ひとびと》が、安心《あんしん》して笑顔《えがお》で暮《く》らせるようになったのだった。

14 醍醐《だいご》の桜《さくら》

「父上《ちちうえ》、ここはあの世《よ》ですか。なんでこんなに花《はな》ばかりなのですか」

六歳《さい》の息子《むすこ》が、自分《じぶん》の手《て》を引《ひ》く秀吉《ひでよし》にきいた。その目《め》は、どこもかしこも満開《まんかい》の桜《さくら》におどろいている。

「ははは。秀頼《ひでより》、ここはこの世《よ》だ。京《きょう》の醍醐寺《だいごじ》じゃ。あの世《よ》など、お前《まえ》にはまだまだ遠《とお》い世界《せかい》じゃ」

秀吉《ひでよし》は息子《むすこ》の笑顔《えがお》にご機嫌《きげん》だった。息子《むすこ》だけではない、花見《はなみ》に招《まね》いた千人以上《せんにんいじょう》の人々《ひとびと》のよろこびようを目《め》にして、「宴《うたげ》を開《ひら》いてよかった」と心《こころ》から感《かん》じていた。

慶長《けいちょう》三年《ねん》（一五九八年《ねん》）春《はる》、秀吉《ひでよし》は六十二歳《さい》になっていた。

――今日《きょう》はめずらしく体《からだ》の調子《ちょうし》もいい。存分《ぞんぶん》に楽《たの》しむとしよう。

境内《けいだい》にある七百本《ぼん》の桜《さくら》のほとんどは、この日《ひ》のために秀吉自《ひでよしみずか》らが下見《したみ》をし、植樹《しょくじゅ》したものだった。桜《さくら》は昔《むかし》から好《す》きだったが、最近《さいきん》は歳《とし》をとったせいか、一度《ど》に満開《まんかい》となるその生《せい》命力《めいりょく》にことのほかひかれるようになった。そこで思《おも》いついたのが、この花見《はなみ》であった。

「太閤殿下《たいこうでんか》、もう少《すこ》しゆっくり歩《ある》かれたらいかがですか。体《からだ》にさわりますぞ」

すぐ後《うし》ろを歩《ある》く利家《としいえ》に心配《しんぱい》された。

「心配《しんぱい》はいらんよ。それよりそっちこそ無理《むり》をしてついてこなくていいぞ」

秀吉《ひでよし》はふりかえると古《ふる》い友《とも》に言《い》った。利家《としいえ》も秀吉《ひでよし》と同《おな》じで六十をすぎた。最近《さいきん》はすっかり足腰《あしこし》が衰《おとろ》えて、今月《こんげつ》には息子《むすこ》に家督《かとく》をゆずることが決《き》まっていた。

「なんの、この利家《としいえ》。年《とし》はとっても殿下《でんか》に遅《おく》れをとるようなことはありませんぞ」

「ははは、その意気《いき》じゃ」

利家《としいえ》の後《うし》ろには、ねねや茶々《ちゃちゃ》、それにほかの側室《そくしつ》たちがつづいている。そのなかにはまつの姿《すがた》もあった。女《おんな》たちはだれも皆《みな》、桜《さくら》に負《ま》けぬほど美《うつく》しく着飾《きかざ》っていた。

「父上《ちちうえ》、のどがかわきました」

秀頼《ひでより》が言《い》った。母《はは》の茶々《ちゃちゃ》に似《に》たのか、端整《たんせい》な顔立《かおだ》ちの息子《むすこ》は、小田原攻《おだわらぜ》めの翌年《よくとし》に病《やまい》で亡《な》くなった長男《ちょうなん》・鶴松《つるまつ》の弟《おとうと》だった。鶴松《つるまつ》が死《し》んで、もう子《こ》は持《も》てぬとあきらめていた秀吉《ひでよし》にとって、おもいがけず生《う》まれた次男《じなん》は希望《きぼう》そのものであった。

「のどがかわいたか。すぐそこに茶屋《ちゃや》を用意《ようい》している。どれ、かけっこでもするか。又左《またざ》、お主《ぬし》も来《こ》い」

「よし！」

ひょこひょこと肩《かた》をゆすって走《はし》り出《だ》した秀吉《ひでよし》たちに、ともの者《もの》たちがあわてた。

「殿下《でんか》、走《はし》るのはあぶのうございます！」

ねねがさけんでも秀吉《ひでよし》は「わはは」と笑《わら》うばかりだった。

——気持《きも》ちいい。こんなに気持《きも》ちいいのは何年《なんねん》ぶりだろうな。

どこまでもつづく桜《さくら》の下《した》を、秀吉《ひでよし》は駆《か》けた。若《わか》い頃《ころ》のようにはやくは走《はし》れないが、歩《ある》くことすらつらくなってきた最近《さいきん》ではめずらしいことだった。

北条《ほうじょう》を滅《ほろ》ぼし、天下《てんか》を統一《とういつ》してから八年《ねん》。

この間《かん》、秀吉《ひでよし》は天下人《てんかびと》として君臨《くんりん》しながら、しかしけっして楽《たの》しいばかりの日々《ひび》を送《おく》っ

ていたわけではなかった。

天正《てんしょう》十九年《ねん》（一五九一年《ねん》）には、最愛《さいあい》の鶴松《つるまつ》ばかりか、長《なが》い間《あいだ》、自分《じぶん》の右腕《みぎうで》となってきてくれた弟《おとうと》・小一郎《こいちろう》に先立《さきだ》たれた。跡継《あとつ》ぎである鶴松《つるまつ》が亡《な》くなったため、秀次《ひでつぐ》と名《な》をかえた甥《おい》の信吉《のぶよし》に関白職《かんぱくしょく》をゆずって「太閤《たいこう》」となったのはこの年《とし》のことだった。

——利休《りきゅう》を死《し》なせたのも、あの年《とし》だったな。

いま思《おも》うとつまらぬ理由《りゆう》からだったかもしれない。なにかと言《い》うと意見《いけん》が合《あ》わなかった茶人《ちゃじん》の千利休《せんのりきゅう》に切腹《せっぷく》を命《めい》じたのもこの天正《てんしょう》十九年《ねん》だった。

秀吉《ひでよし》は、利休《りきゅう》に切腹《せっぷく》を命《めい》じながら、本当《ほんとう》に利休《りきゅう》が死《し》んでしまうと、自分《じぶん》の力《ちから》がおそろしくなった。天下人《てんかびと》というのは、ほんの一言《ひとこと》、言葉《ことば》を発《はっ》するだけで人《ひと》を生《い》かしたりも殺《ころ》したりもできるのだ。

信長《のぶなが》の遺志《いし》を継《つ》いで海《うみ》を渡《わた》り、朝鮮《ちょうせん》を攻《せ》めることに決《き》めたのも同《おな》じ年《とし》だった。鶴松《つるまつ》や小一郎《こいちろう》を失《うしな》い、あらためて人《ひと》の命《いのち》のはかなさをかみしめた秀吉《ひでよし》は、生《い》きている間《あいだ》になすべきことはすべてしようと明《みん》を征服《せいふく》することに決《き》めた。そこには国書《こくしょ》を送《おく》った自分《じぶん》に対《たい》して威丈高《いたけだか》な態度《たいど》で接《せっ》してきた明《みん》や朝鮮《ちょうせん》への怒《いか》りもあった。夢枕《ゆめまくら》に信長《のぶなが》が立《た》って「サル、朝鮮《ちょうせん》を攻《せ》めよ」と言《い》われたこともあった。

どれが本当《ほんとう》の理由《りゆう》なのか、いや、どれも本当《ほんとう》の理由《りゆう》だったのだろう。気《き》がつくと秀吉《ひでよし》は大名《だいみょう》たちに命《めい》じ、十数万《すうまん》の大軍《たいぐん》を朝鮮半島《ちょうせんはんとう》へと送《おく》りこんでいた。文禄元年《ぶんろくがんねん》（一五九二年《ねん》）のことだった。戦争《せんそう》は長引《ながび》き、自分《じぶん》がいまこうして花見《はなみ》を楽《たの》しんでいる間《あいだ》もつづいていた。辛《つら》いことがつづいたせいか、それとも歳《とし》のせいか、ここ数年《すうねん》は体調《たいちょう》の悪化《あっか》にも悩《なや》まされてきた。

体調《たいちょう》がすぐれないと頭《あたま》の働《はたら》きがにぶる。がまんができずにちょっとしたことで怒《おこ》ってしまったり、頑固《がんこ》になってしまったりするのには、自分《じぶん》でもこまった。

この数年《すうねん》、秀吉《ひでよし》にとっていちばんうれしかったのは、もちろん秀頼《ひでより》が生《う》まれたことであった。ただ、それが悲劇《ひげき》を招《まね》いてしまった。

——秀次《ひでつぐ》にはすまないことをした。

だれの前《まえ》でもけっして口《くち》にしないことを、秀吉《ひでよし》はときどき思《おも》っていた。関白《かんぱく》の座《ざ》をゆずった秀次《ひでつぐ》が、謀反《むほん》の疑《うたが》いから切腹《せっぷく》したのは文禄《ぶんろく》四年《ねん》（一五九五年《ねん》）だ。このときは、秀次《ひでつぐ》の家老《かろう》をしていた前野長康《まえのながやす》にも切腹《せっぷく》を命《めい》じたし、秀次《ひでつぐ》の妻《つま》や側室《そくしつ》や子《こ》など大勢《おおぜい》の者《もの》を死罪《しざい》とした。

——わしは、なぜあんなことをしてしまったのか……。

世間《せけん》では、秀頼《ひでより》が生《う》まれたことで秀次《ひでつぐ》が邪魔《じゃま》になったのだとうわさしているらしい。そんなことはない、と言《い》いたいところだったけれど、いまふりかえると、たしかにそんな思《おも》いもあったかもしれない。

秀次《ひでつぐ》のことだけではない。最近《さいきん》は、自分《じぶん》のなかに何人《なんにん》かの自分《じぶん》がいて、それぞれちがうことを言《い》っているような気《き》がする。

冷静《れいせい》な自分《じぶん》は「待《ま》て」といさめるのに、もう一人《ひとり》の自分《じぶん》はそれを聞《き》かずに命《めい》を下《くだ》してしまう。そうやって、何人《なんにん》もの命《いのち》をうばってしまった。

――おかしいな。わしは人《ひと》を殺《ころ》すのがきらいだったはずなのに。

わしが好《す》きなのは……。

「秀頼《ひでより》、ちょっと待《ま》て」

秀吉《ひでよし》は、「はあはあ」と息《いき》をきらしながら立《た》ちどまった。ふりかえると、利家《としいえ》が苦《くる》しげな顔《かお》で追《お》いかけてきていた。その後《うし》ろには、花見《はなみ》を楽《たの》しむ大勢《おおぜい》の人間《にんげん》たちがいた。

――こんなふうにみんなをよろこばせることなのにな。

「足《あし》はおとろえていないようですな。さすが、中国大返《ちゅうごくおおがえ》しをやってのけただけはある」

追《お》いついてきた利家《としいえ》は、苦《くる》しそうだが笑《わら》っていた。

「当《あ》たり前《まえ》じゃ。わしはサルだぞ」

ニコリと笑《わら》う秀吉《ひでよし》に、利家《としいえ》は「サルか。なつかしい呼《よ》び名《な》だな」と笑《わら》いかえした。

「又左《またざ》、わしになにかあったら秀頼《ひでより》をたのむぞ」

「わかっている」

「いざとなったら天下《てんか》に知《し》れた槍《やり》の又左《またざ》の槍《やり》ばたらきを見《み》せてくれ」

「ははは。お主《ぬし》ははじめて会《あ》ったときもそんなことを言《い》っていたのう。本当《ほんとう》に人《ひと》をおだてるのがうまいな」

利家《としいえ》とはじめて会《あ》ってから、かれこれ四十五年《ねん》だった。

自分《じぶん》が老《お》い先短《さきみじか》いことを秀吉《ひでよし》は悟《さと》っていた。

秀頼《ひでより》はまだ子《こ》どもだ。天下人《てんかびと》がいなくなったら、世《よ》はふたたび乱《みだ》れるかもしれない。とくにこわいのは徳川家康《とくがわいえやす》だった。家康《いえやす》の領地《りょうち》は二百五十五万石《まんごく》と、ほかの大名《だいみょう》を大《おお》きく引《ひ》き離《はな》している。それだけ軍事力《ぐんじりょく》も大《おお》きい。

だが、自分《じぶん》には利家《としいえ》がいる。豊臣家《とよとみけ》に忠誠《ちゅうせい》をちかってくれている家臣《かしん》たちがいる。秀頼《ひでより》はおそらく大丈夫《だいじょうぶ》だろう。

この世《よ》で自分《じぶん》がすべきことは、すべて果《は》たした。

今年《ことし》に入《はい》ってから、秀吉《ひでよし》はそう感《かん》じることが多《おお》くなった。

心残《こころのこ》りなのは息子《むすこ》の成長《せいちょう》を見《み》られないことだけだった。

その息子《むすこ》は、立《た》ちどまった父親《ちちおや》を待《ま》ちきれないのか、道《みち》を先《さき》に進《すす》んでいた。

休憩所《きゅうけいじょ》の茶屋《ちゃや》の前《まえ》まで行《い》くと、咲《さ》くのがほかの木《き》よりはやかったのだろう、まわりの桜《さくら》の花弁《はなびら》がちらちらと散《ち》っていた。

風《かぜ》のないあたたかな日射《ひざ》しの下《した》を、無数《むすう》の花弁《はなびら》が舞《ま》っている。その美《うつく》しさに、やってきたねねや茶々《ちゃちゃ》たちが声《こえ》をあげている。

秀吉《ひでよし》には、舞《ま》っている花弁《はなびら》が一人一人《ひとりひとり》の人間《にんげん》の命《いのち》に見《み》えた。

――わしもこの花弁《はなびら》のひとつにすぎんのだな。

人《ひと》は生《う》まれてきたら死《し》ぬ。大事《だいじ》なのは、その間《あいだ》になにをしたかだ。

――天下人《てんかびと》は、だれかがならねばならぬ。わしはたまたまその役目《やくめ》を負《お》っただけだ。

そう思《おも》うと、体《からだ》が急《きゅう》に軽《かる》くなったように感《かん》じた。風《かぜ》でも吹《ふ》けば、それこそ花弁《はなびら》のひとつのように宙《ちゅう》に舞《ま》いそうだった。

――いっそこのまま舞《ま》いたいものだな。

秀吉《ひでよし》はそう思《おも》った。

天下人《てんかびと》・豊臣秀吉《とよとみひでよし》が世《よ》を去《さ》ったのは、それから五ヶ月後《かげつご》の慶長《けいちょう》三年《ねん》八月《がつ》十八日《にち》のことであった。

豊臣秀吉《とよとみひでよし》　年表《ねんぴょう》

西暦《せいれき》［元号《げんごう》］（年《ねん》）	年齢《ねんれい》	秀吉《ひでよし》の歴史《れきし》	日本《にっぽん》のできごと
一五三七［天文《てんぶん》六］	1	三月《がつ》十七日《か》、尾張国愛知郡《おわりのくにあいちぐん》（いまの愛知県名古屋市《あいちけんなごやし》）に生《う》まれる。	
一五四三［天文《てんぶん》十二］	7		種子島《たねがしま》に鉄砲《てっぽう》が伝《つた》わる。
一五五一［天文《てんぶん》二〇］	15	元服《げんぷく》する。今川家《いまがわけ》の家臣《かしん》・松下之綱《まつしたゆきつな》に仕官《しかん》。	
一五五四［天文《てんぶん》二三］	18	織田信長《おだのぶなが》に小者《こもの》として仕《つか》える。	
一五六〇［永禄《えいろく》三］	24	「桶狭間《おけはざま》の戦《たたか》い」に加《くわ》わる。	織田信長《おだのぶなが》が「桶狭間《おけはざま》の戦《たたか》い」で今川義元《いまがわよしもと》を破《やぶ》る。
一五六一［永禄《えいろく》四］	25	浅野長政《あさのながまさ》の娘《むすめ》・ねねと結婚《けっこん》。	
一五六二［永禄《えいろく》五］	26	足軽組頭《あしがるくみがしら》となる。	「清州同盟《きよすどうめい》」で織田信長《おだのぶなが》と徳川家康《とくがわいえやす》が同盟《どうめい》を結《むす》ぶ。
一五六六［永禄《えいろく》九］	30	織田信長《おだのぶなが》の美濃国《みののくに》（いまの岐阜県《ぎふけん》）攻《ぜ》めに参加《さんか》。「一夜城《いちやじょう》」として有名《ゆうめい》な墨俣城《すのまたじょう》を築《きず》く。	
一五七〇［元亀《げんき》元］	34	「金ケ崎《かねがさき》の戦《たたか》い」で殿軍《でんぐん》を務《つと》め、織田信長《おだのぶなが》を窮地《きゅうち》から救《すく》う。	
一五七一［元亀《げんき》二］	35	織田信長《おだのぶなが》の命《めい》により延暦寺《えんりゃくじ》焼《や》き討《う》ちに参加《さんか》。	織田信長《おだのぶなが》が比叡山延暦寺《ひえいざんえんりゃくじ》を焼《や》き討《う》ちする。
一五七三［天正《てんしょう》元］	37	近江国《おうみのくに》（いまの滋賀県《しがけん》）の浅井長政《あざいながまさ》攻《ぜ》めに参加《さんか》。名前《なまえ》を「木下藤吉郎《きのしたとうきちろう》」から「羽柴秀吉《はしばひでよし》」に改《あらた》める。	足利義明《あしかがよしあき》が追放《ついほう》され、室町幕府《むろまちばくふ》が滅亡《めつぼう》する。

※年齢《ねんれい》は数《かぞ》え年《どし》です

一五七四［天正《てんしょう》二］	38	近江長浜城《おうみながはまじょう》の城主《じょうしゅ》となる。	
一五八二［天正《てんしょう》十］	46	織田軍《おだぐん》と毛利軍《もうりぐん》の戦《たたか》いにおいて、備中《びっちゅう》・高松城《たかまつじょう》を攻略《こうりゃく》。 「山崎《やまざき》の戦《たたか》い」で明智光秀《あけちみつひで》を破《やぶ》る。 「清州会議《きよすかいぎ》」で織田信長《おだのぶなが》の跡継《あとつ》ぎを三法師《さんぼうし》に決《き》める。 「検地《けんち》」にとりかかる。	「本能寺《ほんのうじ》の変《へん》」で織田信長《おだのぶなが》が明智光秀《あけちみつひで》に殺《ころ》される。 徳川家康《とくがわいえやす》は明智軍《あけちぐん》に追《お》われて駿府《すんぷ》に逃《に》げ帰《かえ》る。
一五八三［天正《てんしょう》十一］	47	「賤ケ岳《しずがたけ》の戦《たたか》い」で柴田勝家《しばたかついえ》を破《やぶ》る。	
一五八四［天正《てんしょう》十二］	48		「小牧《こまき》・長久手《ながくて》の戦《たたか》い」が起《お》こる。
一五八五［天正《てんしょう》十三］	49	大阪城《おおさかじょう》の修築《しゅうちく》が完成《かんせい》する。	
一五八六［天正《てんしょう》十四］	50	太政大臣《だじょうだいじん》に就任《しゅうにん》し、名前《なまえ》を「羽柴《はしば》」から「豊臣《とよとみ》」に改《あらた》める。	徳川家康《とくがわいえやす》が大阪城《おおさかじょう》で秀吉《ひでよし》と謁見《えっけん》。
一五八七［天正《てんしょう》十五］	51	「バテレン追放令《ついほうれい》」（キリスト教布教禁止令《きょうふきょうきんしれい》）を出《だ》す。	
一五八八［天正《てんしょう》十六］	52	織田信長《おだのぶなが》の姪《めい》・茶々《ちゃちゃ》を側室《そくしつ》に迎《むか》える。 「刀狩令《かたながりれい》」を出《だ》し、農民《のうみん》から武器《ぶき》を取《と》り上《あ》げる。	
一五九〇［天正《てんしょう》十八］	54	北条氏政《ほうじょううじまさ》・氏直親子《うじなおおやこ》を降伏《こうふく》させて、天下統一《てんかとういつ》を果《は》たす。	
一五九一［天正《てんしょう》十九］	55	甥《おい》の秀次《ひでつぐ》に関白職《かんぱくしょく》をゆずり、太閤《たいこう》と呼《よ》ばれるようになる。	
一五九二［文禄元《ぶんろく》］	56	（〜一五九八）二度《ど》に渡《わた》り朝鮮《ちょうせん》へ侵攻《しんこう》する（文禄《ぶんろく》の役《えき》・慶長《けいちょう》の役《えき》）。	
一五九三［文禄《ぶんろく》二］	57	側室《そくしつ》・茶々《ちゃちゃ》が秀頼《ひでより》を産《う》む。	
一五九八［慶長《けいちょう》三］	62	醍醐寺三宝院《だいごじさんぼういん》で花見《はなみ》を開催《かいさい》。伏見城《ふしみじょう》にて病気《びょうき》で亡《な》くなる。	

参考文献

『豊臣秀吉』小和田哲男（中公新書）
『天下統一せよ 豊臣秀吉』岡田章雄（講談社 火の鳥文庫）
『豊臣秀吉－天下の夢－戦国武将物語』小沢章友（講談社 青い鳥文庫）
『戦国人物伝 豊臣秀吉』企画・構成・監修：加来耕三　原作：すぎたとおる　作画：瀧玲子（ポプラ社 コミック版 日本の歴史２）
『織田信長』山岡荘八（講談社 山岡荘八歴史文庫）

編集協力…………………… ㈱J's　publishing

企画・編集………………… 石川順恵　坊野之子　甲田秀昭

装丁……………………… 荻窪裕司

口絵CGイラスト ……… 成瀬京司

口絵写真協力…………… PIXTA、革秀寺（弘前市教育委員会）

校正……………………… ㈱鷗来堂

DTP　…………………… ㈱東海創芸

新《しん》・歴史人物伝《れきしじんぶつでん》

豊臣秀吉《とよとみひでよし》

2018年9月25日　初版発行

著　仲野《なかの》ワタリ

表紙絵　すまき俊悟《しゅんご》　本文絵　ふさ十次《じゅうじ》

発行者　井上弘治

発行所　**駒草出版**　株式会社ダンク出版事業部
〒110-0016
東京都台東区台東1-7-1　邦洋秋葉原ビル２階
TEL 03-3834-9087
FAX 03-3834-4508
http://www.komakusa-pub.jp

印刷・製本　シナノ印刷株式会社

落丁・乱丁本はお取り替えいたします。定価はカバーに表記してあります。

ISBN978-4-909646-06-4　N.D.C.289　192p　18cm